武蔵野美術大学出版局

ミュゼオロジーへの招待

新見 隆／編

目次

第1章　二一世紀のミュージアム像を求めて

新見　隆

ミュージアムはモーツァルトである

人は、何故、ミュージアムに来るのか？　その答は無限、無尽蔵にある。そして、その答が無限、無尽蔵にあるのがまた、ミュージアムの尽きせぬ魅力の源泉でもあるだろう。

だが、それでも僕は思っている。自分の全経験、文化的背景を賭して言いたいと思う。人間は、世界とは隔絶されている。人間はあるいは、世界を素直に十全には受け入れられない。人間は、世界と隔てられている。よほどの聖人か野蛮人でない限り、「ああ俺は今日、最高に高揚して生きている。充実しているなあ」とはなかなか思えない。だから、ミュージアムに来るのだ。芸術家が、芸術を生み出すように。それは、世界と和解するためであり、融和するためなのだ。

私は私であって、他のあらゆる人間とはちがう。そして、一緒にミュージアムに行った友人、恋人、家族だとて、皆私とは全く別種の人格、個性である。ましてや見ず知らずの、たまたまそこにいた他人が自分と同じことを考え感じていることなど、そういう可能性そのもの、畢竟ゼロ・パーセントである。

だから孤独か？　だから不安か？　それはちがうだろう。そして人は必ずミュージアムで気づくだろう。「あれ？　今日は、何かちがうなあ！」と。「前来た時よりも上手く作品に没頭できない」とか、「何か今日はこの絵の前で気持ちがすっきりするが、何でだろうか」と。そこで、人は、また気づくのである。「私の中にもう一人、いやもう幾人も、知らない自分がある」。

当たり前だが、作家は必ず、自分の中のもう一人の他者のために「もの＝作品」を生み出すのだろう。こういう時に僕はいつも、モーツァルトの音楽、とりわけ僕の好きないくつかのピアノ協奏曲を思い浮かべる。モーツァルトが偉大なのは、彼の音楽が自然そのものであって、既にその自然そのものが何であるかを伝え得る至難を乗り越えてしまっていることである。その千変万化する一瞬一瞬、あらゆるものが変容変化して留まることを知らないそのダイナミズムを、はっきり人間にわかる形で再構成して僕らへ投げ与えてくれるからである。

このモーツァルトの天才が、ミュージアムという文化装置にもある。だから、僕にとってミュージアムはモーツァルトである。そこには、千変万化する無限の異なる自分、他者としての無尽蔵な多様性をもつ観客、そして、そのまた無限大に多様な作者と作品に出会い、無限無数の「ちがい」を受け入れ、楽しみ、困惑し、踊り、酔う、バッカス的、あるいはディオニソス的なる「生の揺らぎの舞踊」の坩堝《るつぼ》に自らを叩き込んで、自己投企（古い言葉だなあ、アンガージュマンだ！）する、希有なる可能性の場なのである。もう、論証なしに言うけれど、これは僕の本能、何十何年間、否、生涯をミュージアムに賭けた男の、最終的確信と受け取ってもらってよい。絶対保証します。（註1、2）

生の実感、高揚を体験する場

ミュージアムが高尚過ぎて、つまらないという人が多くいる。だがそこには、少しく嘘がある。つまらないというのは、その人の判断だろうが、高尚過ぎてというのは、おそらくその人の偏見か先入観だろう。もっと言うと、なぜつまらないと感じるかというと、その答は簡単で、ミュージアムは娯楽施設と言ってもよいのに、その楽しみ方について詳しくは教えてくれないからである。

人は、マニュアルや作法＝リテラシーがよくわかっているものに安心して近づくし、そうでないものを敬遠する。ミュージアムというのは娯楽施設なのだけれども、その娯楽自体を自分で感じたり、考えたりして、探さないといけない、ルールから自分でつくってゆくゲームのようなものだ。だからミュージアムで、時に人は、というかある種の人は、放り出された感じがして戸惑い、やがてこんな高尚で、お高くとまっているものに付き合うのは御免だと思う。

だが翻って、人間に生き方死に方を本当の意味で教えられるだろうか？　そしてそんなもの、他人に教えてもらって、ハイそうですかと素直に聞く人従う人が、いったいいるだろうか？　アートは、楽しいもの、理屈抜きで、身体全体で感じるものだが、その奥底は人間の生そのもの、生き方死に方に深くつながっている。実は多くのミュージアムが嫌いな人にも、それは既に直感で感じ取られていて、それが「高尚」ということとすり替えられているだけだ。変な聞き方だが、また余計なお世話的なことでもあるだろうが、じゃあ、あなたは自分および人間の、生き方死に方に全く興味がないのだろうか？

学校の教科でもそうであって、美術というのは他の学科科目のお勉強とは、全く一線を画する。ステップを踏んで、目標を決めて、練習してゆくものでもないし（場合によっては、あるだろうが）、また、他の科目のように、容易に誰にでもわかりやすく「よい、わるい」が点数づけられないものだ（場合によっては、あるだろうが）。だから、隣の人、教室の皆と全くちがっていても全然叱られないし、それはそのこと「人とちがっていること」＝「自分だけの、かけがえのない自分自身であること」それだけで、十分褒められるに値する。芸術の基本的性格である「自由」が、ここに厳然とあるからだ（註3）。

「人とちがっていいんだ、逆に褒められるんだ」というのは、日本の社会が小さな頃から人間に教え、そうなれと諭し強いてきたものとは全く正反対、逆の認識概念である。人は社会的動物であるので、中学生、高校生、あるいは小学生でも「こうこう、こういう人であるべき」という社会的規範や、因襲、慣習にがんじがらめになっている。こういう押しつけられ状態が続くと、乱暴に言うと、誰でも「やってられないよ」状態になりがちで、そういう鬱屈が子供の頃から既に皆にある。

社会的動物であるので当然なことなのだが、この血の澱みをラテン語で「スタシス（stasis）」ということを教えてくれたのは畏友のKだった。アートの目的はいくつかあるが、その一つは、この社会に生きている制度的動物としての人間に必然的につきまとう、血の澱みの「外へ抜け出る」＝「エクス（ex）」こと、とKは言う。そして、宇宙や、自然生命と一体になった、「私は、今、まさに、生きているぞ」

という生の実感、高揚を体験することである、と。つまりは「澱みの外へ、抜け出る（ex-stasis）」ことなのである。これが、英語の「エクスタシー（ecstasy）」の語源であるのは、もう言うまでもないだろう（註4）。

だから、ミュージアムとは、人間が本能的にもっている「自由になりたい」「血の澱みから抜け出たい」という欲求を実現する場であり、そのために一人一人が、まず人が一般的に難しいと思っていることを何とかやってのけないといけない、希有な自己再生の場でもある。ミュージアムが、観客一人一人に強いるのは（というか、問いかけるのは）、実は「他の誰でもない、あなた自身である」という、最も単純で、最も深い問いなのである。

英語で「ビー・ユアセルフ＝あなた自身であれ」という、この美的な問いかけがミュージアムそのものだと言えば、どれくらいの人がミュージアムに、ある時は喜び勇んで、ある時は悩み苦しみながら、あるいは落胆して肩を落としながらも、それでも足を運んでくれるだろうか。極端に言うと、ミュージアムに来て絵を一枚も見なくても、それはその人なりにミュージアムを楽しんだことになる場合もある。人のことを気にする必要は、ここでは全くない。大事なことは何かというと、「自分自身とは、何か」「あなたは、いかなる文化を背負っているのか？」という問いかけに、立ち向かうことなのである。芸術の自由が僕たちに強いる、最終的な責務と宿命と言ってもよい。そのための楽しみ方は、無限大、無尽蔵である。

文化リテラシーの核心

ここらへんで、僕がこういうことを言いたい、書きたいと思うようになった背景を説明しておこうと思う。

僕は、二〇年近く、今はない東京のセゾン美術館（一九七五年西武美術館として開館、一九九九年閉館）で、学芸員として多くの展覧会を企画してきた。それから、武蔵野美術大学に新設された芸術文化学科の教員として着任した。以来、学芸員を育てることがこの学科の大きな目的の一つであるから、ミュゼオロジーを中心とした博物館学・美術館学を教え、美術史やらキュレーターのトレーニング的実技やら、乱暴に言えば「芸術に対する愛と情熱」のすべてを教えながら、引き続きフリーランスのキュレーターとして展覧会を企画してきた。

偉そうに言うと、僕は生粋の、生まれながらのキュレーター、展覧会屋であると思っている。作品という物体、オブジェ、資料。この美であり、世界の断片であり、その鏡でもある「モノ」が大好きでそれに憑かれ、言葉で何かを語るよりも「モノ」を集めて、それに何かを語らせることを生涯唯一の職業としてきた、一種偏狭なプロフェッショナルである。

美術は大好きだが、もしかしたら美術そのものよりも「ミュージアム」という文化装置、この偉大なる、未知なる、深遠なる「世界編集の装置」の方がもっと好きなのかも知れない。

ガラスの工芸作家ルネ・ラリックに特化して純粋に、恬淡に何十年もユニークな蒐集をしてこられた籏《はた》功泰《かずやす》さんの個人コレクション美術館を、ミュージアム激戦区の箱根に立ち上げるのを手伝ったり、日米混血の彫刻家イサム・ノグチさんの仕事場や自宅を作品とともに公開しているイサム・ノグチ庭園美術館（香川県高松市、一九九九年開館）の顧問をやったり、母校、慶應義塾に創設された、日本では先駆的にアーカイヴ的戦略とその情報化に特化した慶應義塾大学アート・センター（一九九三年開設）の訪問所員もやっている。

そして、二〇一三（平成二五）年一〇月からは、新たに設立される大分県立美術館の初代館長に就任して開館準備にあたっている。一九七七（昭和五二）年に、松方コレクション（実業家松方幸次郎の美術コレクション）の地方大巡業を受け入れるために大分県立芸術会館が開館（そうやって創設された地方公立の文化会館は非常に多い）。以来、四〇〇〇点以上の日本の近代作家作品の収集を中心としたコレクションと展覧会活動を行ってきたが、施設が老朽化したため新しい県立美術館が設立準備されることになった。建物は、世界的な建築家である坂茂《ばんしげる》さんが設計競技で指命されて、二〇一四（平成二六）年現在建設中である（二〇一四年一〇月竣工。次頁図参照）。

日本の近代美術館は、古くは鎌倉の神奈川県立近代美術館や東京国立近代美術館などの輝かしいはじまりから、先駆的な富山、北海道、宮城、群馬、埼玉などの県（道）立美術館の開館、さらには地方に公立美術館が立て続けにできて「美術館ラッシュ」と言われた一九八〇年代以降、半世紀から四分の三世紀

大分県立美術館　2014年10月31日、竣工直後の全景。大分伝統の竹工芸をモチーフにした、印象的な外観意匠となっている

にわたる長い歴史を培ってきた。今日の日本のミュージアム像は、その偉大なる先人たち、美術館人たちの実績と努力の上に築かれている。

新しい大分県立美術館の設立にあたり、僕は、その恩恵と反省の上に新しいミュージアムははじまるべきだと考えた。そして「今までに全くなかったもの、そして、大分でしかできない、唯一無二のユニークなもの」をつくろうと決心した。

僕のコンセプトは、二つ。

「五感に開かれた、身体全体、記憶全体、地域と社会全体で、観客に育てられるミュージアム」。

「大分・ミーツ・グローバル、グローバル・ミーツ・大分。大分が世界に出会う、世界が大分に出会う、出会いミュージアム」。

新県立美術館は全県民のための「心の糧」として、県の地域力、教育力、観光力、産業経済力、すべてを活性化できる、大分県の新しい起爆力の原点になること、さらには、日本全土はもとより、韓国や台湾、中国に開かれ、世界に発信できる世界性をもったミュージアムとなることを構想したのである。

こうした決心や構想を広く県民に知ってもらうために、また新県立美術館が、大分県民全体の「文化リテラシー」の核心として機能しなければならないと考えて、僕は大分県内で最もシェアの大きい絶大なメディアである大分合同新聞に二〇一三年五月から月一回「大分のアート立国——大分文化リテラシー物語」という連載をはじめた。実は、その連載が本章の骨子にもなっている。それは、新県立美術館の目指すところが僕の考える二一世紀のミュージアム像であり、それを実現するために僕が今何を考え、どう行動しているのかを、ミュージアムについて学ぶ皆さんにも是非知って欲しいと思ったからである。

さて、では「文化リテラシー」とは何か。「文化リテラシー」とは一言で乱暴に言えば「ロマンティックな、それぞれの活力ある人生のための、香りづけ」ということだ。「リテラシー（literacy）」というのは、そのジャンルにどう触れるか、馴染んでいくかをサポートし手助けする、一種のノウハウのように一般には理解されている。ここでは、もっと深く、わかりやすく「さまざまなジャンルの諸芸術を、それぞれのやり方で楽しみ、味わい、人生や生活の糧にしてゆくこと」「理屈でなく、身体で体験すること」と言いたい。生涯教育の、より大きな広がりとでも言えるだろうか。

たとえば、アートは頭で理解するものではないし、絶対に難しいものでもない。まず身体で感じて楽しむもの、美味しく味わうもの。さらに、食べ物に好き嫌いがあるように、好き嫌い、得手不得手、わかるわからないがあって当然。それでよい。そして、アートに正解は決してない。アートの感じ方、受け取り方は千差万別だ。一人一人の人生観や生活、生き方がちがうように、一人一人の受け取り方が全くちがうのだ。どう感じようが「自由」ということが、まず大歓迎なのだ。他者の存在のちがいを認め、受け入れ、理解すること。これは、社会の一員として人生のいちばん大切な根本義だろう。

さらに言えば、芸術の専門知識をもつだけで、あるいはミュージアムや劇場に行って「有名で、立派で、偉い」そういうものを見た、聴いたという「既成事実」だけで、すぐアートに深く触れたことになるというものでもない。文化の専門的なものを全く知らず、ミュージアムや劇場に行ったことがなくとも、樹木や草花の名前をよく知っている、鳥の鳴き声が聞き分けられる、四季を感じ自然や宇宙の気配を肌で感じることのできる「偉大なる普通のアーティスト」は、昔の日本人の中にはどこにでもいっぱいいた。

無論、ミュージアムや劇場での体験は大変すばらしいものだが、芸術作品を知る・見る・聴くこと、それが終点なのでは決してなくて、実は偉大な芸術作品に出会う体験の先に、誰でも自分の中に「偉大なる普通のアーティスト」がいるということに気づく、「一人一人の人生が、全くそれぞれ別のアートであるということ、「生きること自体が、アート」なのだということに気づくからこそ、よりすばらしいのではないだろうか。「その人が、人とはちがったどういうやり方でクリエイティヴに成り得るか＝自分らしく生きるか」ということに尽きる。

だからこそ、老若男女、それぞれのやり方で「アートとは、心の食べもの」と感じること、それを僕は目指したいのだ。それこそが、「文化リテラシー」であると考えている。

野辺の花に永遠の命を

「美術館は、心の病院」。

ドキッとする言葉だが、現代のように多くの人が困難をかかえて苦悩している時代には、意外に深く響く言葉かもしれない。僕が日本でもっとも美しいミュージアムの一つと思う、香川県丸亀市の猪熊弦一郎現代美術館（一九九一年開館）の館長室に飾ってある色紙だ。日本の風合いを加味したモダンでシャープな現代建築は、現代の名匠建築家、谷口吉生さんの手になる。

高松駅からJRで四〇分ほど、ポコンポコンと不思議なかたちの低い山が連なる讃岐独特の平野をゆくと丸亀である。その駅前すぐ、広場を隔てた目の前にこのミュージアムはある。まず目につくのは、四角い庇《ひさし》をグッと延ばした、吸い込まれるようなコンクリートのシャープな躯体。そして、猪熊弦一郎画伯（一九〇二―一九九三）のユーモラスな動物グラフィック壁画、面白くカクカク曲がる大きな彫刻や巻き貝君などである。白い壁画に黒の線描、黄色い彫刻などがつくり出すコントラストもいかにも猪熊先生らしい、モダンでコンテンポラリーなセンスが漂う。

個人の作家のコレクションを中心にしたミュージアムという以上に、存命の作家が信頼する建築家とガップリ四つに組んで彫心鏤骨《ちょうしんるこつ》、素晴らしくすっきりした空間を物にした、他に類例のないミュージアムである。大階段を登っていく神々しい神殿のような建物ではなくて、坂茂さんの設計した大分県の新しい美術館と同じように、路面からそのままスッと友だちの家に招かれるように入っていける、心地よい空間だ。

癒しとか安らぎを、現代人は第一に求めると言われるようになって久しい。猪熊先生は、気楽にミュージアムという友だちの家に立ち寄り、しばし心を落ちつけてくつろぎ、子供の頃にかえって空や海、花々や木々と戯れ、ぞんぶんに遊んで欲しい、そして元気いっぱいになって、また普段の生活に帰っていって欲しい、そう考えていたのではないか。だから、僕ならこう言いたい。

「美術館は、心の遊び場」。

上野駅コンコース壁画の愛らしい動物群や、三越の包装紙のデザインで知られる猪熊先生は、身辺のそこここにあるさまざまな「モノたち」、言わばガラクタのようなものやそこらの石ころにまでユーモラスな楽しさや、秘められた美しさを見いだして面白がり、人生を楽しくする達人だった。

ミュージアムに来るのは、名画名品と出会うためだと思っている人は多いだろうし、それも確かだが、僕はミュゼオロジーを学ぶ学生に、名画名品もそこらの雑草や樹木、そして空や海と同じだと日頃から言っている。野辺の無数の花々も、誰も見向きもしなければそれで終わりで、その花は空しく一人ぼっちで咲いて枯れてゆくが、道行く誰かがそっと見いだして喜んだり楽しんだりしてやることで、その花はもう「ただの花」ではなくなって「その人だけの、かけがえのない花」に生まれかわる。花は枯れるが、誰かに「見つけてもらう」ことで永遠の命をもつということだ。そして、永遠の命をもつのは見られた「花

＝名画」ではなくて、本当は見た「自分＝観客」の方なのではないだろうか。ミュージアムを真に完成させるのは、そこを「心の遊び場」とする観客自身なのだということを、ぜひとも広く知ってもらいたい。

風土が生むコスモポリタン

グローバリゼーションの時代だ、とよく言われる。ただ、よいことばかりではないようで、世界中になんとかカフェや、なんとかバーガーをつくって均質化していけば、それぞれの地域の特色やもち味が失われて当然つまらなくなっていく。

たとえば大分には昔から、日本を代表するコスモポリタン（世界市民）の文化風土があった。石仏をはじめとする仏教文化や修験道、フランシスコ・ザビエル（一五〇六―一五五二）がやって来て布教し、大友宗麟（一五三〇―一五八七）も洗礼を授かったこと、南蛮文化、キリシタン文化、そして三浦梅園（一七二三―一七八九）のように宇宙と世界の仕組みを深く考える江戸期の思想や教育の伝統などがしっかりとあった。

ある人によると「二〇世紀のモダン・アートを切り開いた前衛芸術家たちは、新しいアートのかたちを未来に向かって志向しながら、自らの伝統と風土をきちんと大切にした。しかも、異文化に対して、つねにオープンであって、他からの影響を積極的に受けて自らを変化させていった、まさしくコスモポリタン

《大分県立美術館》 新見 隆「私のフィールド・ノート」より

だった」という。僕も同じことを前から考えて話してもいたので、彼の許可を得て今はもう自説としてどこでも話しているのだが、実はこれは、近代芸術家としてダンスや彫刻、絵画を総合した先駆者、ドイツの芸術学校「バウハウス」の先生だったオスカー・シュレンマー（一八八八―一九四三）のお孫さんであるラマン・シュレンマーさんの説。武蔵野美術大学の訪問教授として招聘した時に、彼が僕の学生にしてくれたお話の借用である。

ラマンさんは、新大分県立美術館のオープン展国際アドヴァイザーの一人で、自身インド人にしてドイツ人という、グローバル・フュージョン（世界混合）だ。新しい美術館のコンセプトである「出会いのミュージアム」を、偶然にも体現した人物でもある。大分の世界性と同様、ヨーロッパの文化とアジアの文化を総合したユーラシアの文化の理解者だ。亡き父上はインドの南部ケララ出身で、ドイツの美術学校に留学。そこでオスカー・シュレンマーの娘である母上に出会い、結婚して一人息子の彼をもうけた。現在は、年の半分はスイスのバーゼル、半分はケララを拠点にしながら、北京や上海、ベニスやマドリッド、パリ、日本などで展覧会の企画や講演、授業を行う、まさしく芸術ノマド（遊牧民）の生活を送っている。文化プロデューサーとしての活躍も、アートだけでなくコンサートやバレエなど多岐にわたる。

オスカー・シュレンマーは、絵画や彫刻だけでなく、それらと音楽、さらには人間の身体の動きを総合したユニークな二〇世紀のダンスの開拓者だった。新しい大分県立美術館も「異文化が出会う」コスモポリタン的であることはもちろん、「異ジャンルが出会う」五感で味わうミュージアムでありたいと思っている。

宇宙積み木の楽しさ、「宇宙芸術霊」との出会い

一〇年以上も前に、九州でも珍しい大規模で充実した劇場ホールである大分県立総合文化センター（一九九八年開館、現 iichiko 総合文化センター）ができたことは、「上演芸術好き」にとって素晴らしいことだ。二〇一三（平成二五）年四月から館長に就任された、日本の先駆的オペラ上演グループ「二期会」（公益財団法人東京二期会）を率いておられる、また大分県立芸術文化短大学長の中山欽吾先生は、しばしば僕に「私は、パフォーミング・アーツはむろん自分のプロ領域ですが、個人的には美術の方がもっと好きかも知れませんね」と言われるし、そして新しい美術館にも深い関心をもっておられ、いろいろ貴重なご助言をいただいていて大変助かっている。美術館の開館に向けて、劇場の方も素晴らしい大きな企画を練っており、相互の盛り上げ効果は抜群になるだろうと、ワクワクしながらお話を聞いている。

そのお返しというわけでもないが、僕も、音楽、バレエ、ダンス、演劇が飯より好きで「本当は、プロとして仕事をやってきた美術の領域より、上演芸術の方が好きかも知れない」と思うぐらいの劇場好きである。

劇場の楽しみは、人々が着飾って集い、笑いさんざめく、その華やかさ、普段とちがった贅沢なきらびやかさにまずあると思う。けれど実は、いちばん大事なのは切符を買って、カレンダーに印をつけて、家

族が「楽しみだね」と日々嬉しそうな顔をしていう、そういう何か「待っている時間、期待の日々」の疼《うず》く憧れのような、心にポッと灯る火なのだという気がむしろする。それがふだんの日常を彩り、より豊かなものにする。ひいては、ふつうの日常さえも輝かしい舞台と同じように新しい眼で見つめ、見直せるのではないかと思っている（註5）。

舞台を見にいくということの最終の目的は、私どもすべての人生が、銘々いろいろなかたちでの、素晴らしい輝く一幕の劇なのだということを自覚する、そういうことではないかと思っている。もう一つ、あらゆる上演芸術は乱暴に言えば、古代の人々が行っていた呪術や祭祀にその起源をもっているということだ。だから今日もなお、究極的に言えば、演技や演奏を通して観客も演者もそこにいるすべてが、「この世ならぬものの声」が降ってくる、降りてくる奇跡に参加することであるような気がする。

ショパンの演奏会で畢竟僕が期待するのは、会ったこともなく、どのような人かも知る由もないショパンの肉声が亡霊のように聞こえてくるその瞬間が訪れるか否か、その一点であると言っても過言ではない。自分の聴く能力を棚に上げて言えば、僕にとって優れた演奏とは、そのショパンの肉声を聴かせてくれるもの、駄目な演奏とはそうではないもの、と判断も簡単だ。

年頭に、東京・赤坂のサントリーホールで行われるウィーン・フォルクスオーパー交響楽団の演奏会を聴きにいくのを恒例にしているが、その時にいつも、二階のロビーから大分県日田の名匠、宇治山哲平画伯（一九一〇—一九八六）のデザインした壁画《響き》を眺めるのは無類の楽しみだ。

皆さんもそういう体験があるだろうけれど、僕は子供の頃「積み木」狂だった。そして、文字通りの積み木だけでなく、百科事典でも何でもかんでも積み木にして、一日中遊んでいて飽きなかった覚えがある。宇治山さんの絵や壁画を見るたびに、僕は子供の頃の積み木遊びを思い出して嬉しくなる。そうして僕の積み木遊びは、実は未だ知らない世界の大きさや不安を前にして「宇宙を曼荼羅のように」自らの肉体へ取り込もうとして格闘していた、幼い子供ながらの哲学とも言うべき遊びであったことを知るのである。そしてまた、積み木で遊ぶ度に「宇宙芸術霊」が積み木を通して子供だった僕の肉体に本当に降りてきたからこそ、こうして僕は、未だに美術から離れられないのだということもよくわかるのである。

アートに恋い焦がれて

二〇一三（平成二五）年末に、新しい大分県立美術館のショップとカフェ、それを一緒にやってゆく組織、グループが決まった。僕は、前述のコンセプト「大分・ミーツ・グローバル、グローバル・ミーツ・大分。大分が世界に出会う、世界が大分に出会う、出会いミュージアム」に合わせて、ミュージアムにまつわるすべてのものがミュージアムそのものと同じく、大分の「地域力、教育力、観光力、産業経済力」の起爆剤にならないといけないと思っていて、その切り込み隊がショップとカフェである。

だからカフェでは、「大分の地の鯖を使ったトルコ風鯖サンドイッチ」が小鹿田《おんた》焼の皿で出てくるのは必須。煎茶や抹茶と和菓子フルセレクション、さらには焼酎の世界各地の天然炭酸割りが「絶対要る！」とも思っている。ショップのコンセプトには、畏友でトタンの彫刻家、吉雄介さんが出品した東京・神保町の画廊、ギャラリー福果での「身体に着けるアート」展に想を得て、「アート・トゥ・ウエア（着るアート）」「アート・トゥ・プレイ（遊ぶアート）」「アート・トゥ・イート（食べるアート）」の三つを掲げたい。すべて大分の材料（食材や、工芸素材など）と、日本中世界中のアーティスト、デザイナーを出会わせた「合わせ技」である。

僕は、新しいミュージアムは老若男女あらゆる人種に徹底して開かれた「心の遊び場」であると信じている。だが、従来のミュージアムの現状を言えば、大分に限らずミュージアムを自分の家と感じてそれを楽しんだり、日常の場として使ってくれている「上顧客」の九〇パーセントは一〇歳代から六〇歳代あたりまでの女性層だ。この状況は、大分の新しいミュージアムにおいても変わらないだろうと僕は見ている。むろんそれは決して、その他の客層を期待していないわけでも、想定していないわけでもない。

その上でそういう女性層が今最も期待し、求めている「生活のプラス・アルファ的彩り」を得る場、あるいは「ライフスタイル・ミュージアム」の場とは何かということを考えてみる。するとそれは、単に「東京や福岡のような大都市で今最も流行っているエッジーでシャープなもの」を「ワン・ランク落とした、あるいはチェーン店化したもの」、あるいはそれらに「似たようなもの」では決してない。

現代の伝播の力の大きい情報ネットワークは、思われているよりはるかに迅速に浸透して日常化している。大分の女性は皆、東京や福岡と同じ、あるいはそれ以上に鋭い感性とシャープで現代的な情報とセン

《狛犬と鯖サンド》　新見 隆「私のフィールド・ノート」より

スをもっている。だから、ミュージアムのカフェで「どこそこの星つきフレンチ・シェフの大分出店」が成立するわけは絶対にない。彼女たちも一度は物見遊山的に訪れるだろうが、話しのネタにした後は二度とその店には来ないだろう。

新しいミュージアムでは、グローバルな視点で「大分の優れた素材」が今までにない「飛躍や上昇やファンタジー」を生むような、「圧倒的な驚き」をすべての活動において目論んでいる。日々刻々と変化成長し続けることも大事だ。そこは、あたかもアートの活気に満ちた美大のような場、作品をつくらなくてもすべての人が「アートに恋い焦がれる」夢の場、新しい我が家なのだ。

「治癒の文化」から考える

新しい大分県立美術館のために何かうまいキャッチフレーズはないものかと、展覧会などの仕事とは別に日々考える。それは、広告代理店がヒット商品をつくるのともちがって、何かオッという驚きもありながら、半信半疑でもとにかくそれを使いながら、大分県の皆さんがジワジワと味わい、噛みしめ、楽しんで、育ててくれるようなものがよいと思っている。大分の空港や駅で「日本一のおんせん県おおいた」という広告を見るたびに、「温泉ももちろんよいけれど、それだけじゃこれからは駄目なんじゃないの?」

と思うし、そういうこととの複合技を狙う意味合いで新しいミュージアムもできるわけで、するとどこか四国の県みたいに「温泉だけじゃない、大分」と人真似をしそうにもなる。

ここで僕は「大分表現主義《エクスプレッショニズム》」と言ってみたい。そのココロは、まず「今は、発信がないと駄目だ」ということだ。いろんな情報や文化を外から取り入れることは、今の時代、誰でももう存分にやっていることではないだろうか？　だけれども「じゃあ、あんたの文化はどういうの？」と聞かれた時に、「こういうのじゃ！　どうだ！」と言える気概と勇気が大分には欠けているような、長く欠けていたような気がする。だからつい「日本一のおんせん県」と言ってしまうのではないだろうか。

表現主義というのは、二〇世紀のはじめにドイツで起こった芸術運動だと理解してもらったらよい。原色を使った色彩と激しいタッチで描く絵画が有名だが、彫刻、モダン・ダンスなどの新しい芸術の総合や舞台芸術などもさかんで、さらには都市郊外のそこここに、芸術家やそれこそドロップアウトした若者が、原始的な共同生活に憧れて集まった自由な「アーティスト・コロニー」があった（註6）。

ドイツはそれぞれの地方風土の面白さ、特色に対する地域愛、郷土愛などが強くて近代的な国の統一が遅れた。だからか、今日でも地方色が豊かだ。この点は、大分にすごく似ている。また、非常に家父長的で権力志向のマッチョな文化も根強かったが、その一方で豊かな自然を愛する「治癒」の文化、結核のサナトリウム療養所などが森林浴のようなかたちで山間部に発達して、マッチョで抑圧的な権力を嫌い都市から逃げてきた若者やアーティストたちが、郊外の森に自然回帰のコロニーをつくった。温泉文化や磨崖《まがい》仏《ぶつ》のある大分に、このあたりも似ているじゃないか。

第一次世界大戦後は、貧しい苦難の時代に、ワイマールに民主主義的な政権が起こり、二〇世紀最大の革命的な芸術学校「バウハウス」もはじまった。ナチスが政権をとってからは歴史が教えるように、悲劇的で凄惨なホロコーストなどを経て苦難を体験した。第二次世界大戦後は、奇跡的な重工業の発達に伴い黒い森＝シュヴァルツヴァルトの自然が壊滅に瀕すると、すぐさま環境保護運動が盛んになり、ドイツの趨勢は世界一のエコロジー立国に傾いた。それには、一八世紀、ゲーテの時代から既に文化芸術のインスピレーションの源泉が自然であって、「自然が滅びれば文化は廃れる」という、強固なロマン主義の伝統があったからである。日本にエコロジーが真の意味で根づかないのは、それを支える文化の伝統がないからだ。

大分にはさまざまな郷土色、祭りや食の伝統、海山草原渓谷の多様な自然を愛する風土があるし、何より「治癒の文化」である温泉がある。温泉を単なる「ああ、気持ちいいな」的エンターテイメント施設に終わらせず、これからは、「ココロの温泉＝新しいミュージアムを開館する、日本一のおんせん県おおいた」をキャッチフレーズにしてもらったらよいのではないだろうかと考えた。

大分の世界性を掘り起こす新美術館オープン展

新しい大分県立美術館開館の記念すべきオープン展は、もちろん「大分の世界性を内外に示す」「大分・ミーツ・グローバル、グローバル・ミーツ・大分。大分が世界に出会う、世界が大分に出会う、出会いミュージアム」を体現した、モダン絵画を主として工芸デザインも入れた総合ジャンルの大展覧会である。題して、「モダン百花繚乱――大分世界美術館」展。

結論から言うと、大分県の生んだ巨匠芸術家たちは、皆が一九世紀から二〇世紀にかけての近代「モダン派」だ。それは、ヨーロッパで言えば、市民革命、産業革命が起きて新しい近代社会がはじまり、人間の心の内面と自然や宇宙とを響き合わせようとした「ロマン派」の芸術が生まれた時代。彼らは現代のルーツとなる、人間の心と新しい社会生活のためのアートを生んだ「新しい芸術家」たちであるということだ。

たとえば、江戸時代の南画文人画といっても何ら古臭いものではない。むしろ、今日の現代生活に通じる「大きなロマン」のはじまりなのである。大分は竹田の生んだ偉大なる文人南画の巨匠と言えば田能村《たのむら》竹田《ちくでん》（一七七七―一八三五）だが、昔の人といってもたかだか一九世紀のアーティストだ。旧竹田荘に行った時に、彼のゆったりとして伸びやかな絵に通じる「世界性をもった宇宙観」の広がりがあると感じた。

田能村竹田は幕末の革命思想家、大塩平八郎（一七九三―一八三七）とも親交があって、雪山の寓居に友だちの様子を見にいく様を描いた大塩所蔵の竹田作品を見た時、僕は大好きなロマン派の音楽家、ショパン（一八一〇―一八四九）を思い出した。二〇一三（平成二五）年秋に大分県立芸術会館で僕が行ったトークでは、その絵を見せながら、ショパンが祖国ポーランドの対ロシア独立戦争を見届けることなくパリへと向かう直前につくった、溌剌として雄大な《ピアノ協奏曲第一番》を聴いてもらった（註7）。

一九世紀は、激動動乱の時代のはじまりだ。芸術家たちは、人間の内面が大自然や宇宙と響き合う「万物照応＝コレスポンダンス」（フランス象徴詩の詩人、ボードレールの言葉）を求めた。竹田と同世代には、ドイツ・ロマン派の詩人ノヴァーリス（一七七二―一八〇一）や楽聖ベートーヴェン（一七七〇―一八二七）、ちょっと前の生まれでゲーテ（一七四九―一八三二）がいる。文人南画は、単に世俗の喧噪を逃れて桃源郷に遊ぶ、老人芸の世界では全くない。竹田没後、大塩平八郎が爆死して、ペリー来航もすぐそこである。現世の激動に揉まれながら、その俗世の感興と無限に広がる宇宙の一体感を彼らは示そうとしたのだ。

竹田芸術はそういうグローバルな「ロマン派」の気配と空気感を、確かにもっている。ロマン派の特徴は、近代になって「かつては共同体、国家や宗教が体現していた魂の拠り所を失った一人一人の個人が、自らの内面にロマン＝美の古里を求める故郷喪失者の心の旅をはじめたこと」とも言われる。日本では、明治の半ばからヨーロッパ世紀末芸術に影響を受けた明治浪漫派、青木繁（一八八二―一九一一）や藤島武二（一八六七―一九四三）の幻想的な絵画や与謝野晶子（一八七八―一九四二）の情熱的な短歌にそれは引き継がれてゆくのである（註8）。

竹田のロマン主義をそのルーツと捉えれば、彼が亡くなってから生まれたフランスの素朴派の画家、勤勉な官吏にして日曜画家とも言われたアンリ・ルソー（一八四四―一九一〇）の絵と竹田芸術は、「激動の生の最中の楽園」を求める志向によって、さらには自分の「今、ここ」という居場所を広く拡大して「無限の宇宙」として夢見た画家として、隣同士に並んだらすごく面白いのである。こういう驚きの試みを、オープン展では随所でやることになる。それは大分の子供たちに見て欲しい「世界モダン名画百選」のかたちをとりながらも、大分の作家の世界性を掘り起こす果敢な試みが満載なのである。

アートで革命を

経済同友会という、大分県の企業の社長さんたちというか経済界のリーダーの人たちに、ミュージアムとはどういう存在かをわかってもらうために次のような話をした。

僕の仕事はキュレーターだ。キュレーターはアーティストではないから、わかりやすい言葉で人を惹きつけて面白いと思わせなくてはならない。今の日本の社会は、人間の内側から沸き立つような元気さが消

《日田山鉾と焼きそば》 新見 隆「私のフィールド・ノート」より

えているようだ。電車の中を見ても街中を見ても、若者がつまらなそうな顔をしている。

地域をアートで元気にするというアートプロジェクトが、今、各地で巻き起こっているが、成功するためにはミッション・スピリットが必要なんじゃないだろうか。スピリットが入っていないもの、主催者がただの自己満足でやっているものは、作家や作品がよくてもビシッと立ってこない。雰囲気や気配に、だらけた空気が漂う。それはキュレーションも作品と同じだ、ということ。必要なことは「今、なぜ、これなのか」ということだろう。今の時代に対する徹底的な認識と冷徹な目をもち、不安、憤《いきどお》りをそのままのかたちでぶつけるのではなくて、それをわかった上で何とかポジティヴに活気づけるのがアートの力だ。

これは何にでも言えることだろうが、プロジェクト全体をひっぱる人の性根に責任がある。名品が出ているからよいとか、そういうことではない。お金をいっぱい使っているのに気持ちが入っていない美術館や展覧会などもある。小さなお金でもその人が精魂込めて、必死になって集めたものは必ず光っているものだ。

僕は美術大学で教えているが、学生には芸術と社会をどうやって結びつけるかを実践的に学んで、本気で考えて欲しいと思っている。一見つまらないもの、そのままでは取るに足らないものが世の中にはいっぱいあるけれど、アートにはそれらをも沸き立たせる尋常ではない魔力がある。

たとえば、ある地方では、夕方五時になると住宅の台所のすべてのガスが数秒止まって、ガス管からオペラが聞こえてくるとする。これを、この地方では「オペラ・ガス」と呼んでいる。夜八時になると、街中の電気が一斉にチカチカと七色に輝く。住民はそれを「アート電気プロジェクト」と呼んで、どんな娯楽よりも楽しんでいる。その地方の役所の職員はもちろん、街中の住民が昼の一二時になったら一斉に盆踊りを踊り出す。近隣からは「ああ、あの地方の住民はとうとう頭がおかしくなったみたいだよ」と揶揄されるかもしれない。でも、それが全国的なメディアに取り上げられたとしたら「馬鹿な地方だな」と笑われるだけではなく、実際に「ああ、素敵な地方だなあ」と思う人が大勢いるはずだ。

滑稽に聞こえるかもしれないが、それで十分に立派なアートなのだ。こういうバカバカしいことを大人が本気でやれば、社会は確実によい方向に変わる。経済も活性化する。ヨーロッパでは「アーティストは社会の天使」という精神が文化的に染み渡っている。アートは不思議で捉えがたいものかもしれないけれども、それがなくなると社会の骨組み全体が崩れるという。社会全体をよい方向に変えていくのは簡単なことではいが、まず自分が楽しくないとだめなのだ（註9）。

困難な時代、若者がなかなか未来に希望をもてずに塞《ふさ》いでいる時代に、僕ら中年が踊らなくて誰が踊るんだろう？　アートで革命を起こしましょう。皆さんは、「美的産業」を率いるリーダーなのだから。

こんな話をしたわけだが、ここでそのアートで起こす革命の核心となる新しいミュージアムの中期計画を、僕の個人的な表現で紹介しておこう。

一年目「大分で、何でこんなことができるのか、驚天動地。絶対的な驚きを提供する」。

二年目「ちょっと手を抜くのかと思ったら、あにはからんやまだまだやります。さらにもっと驚かせます。で、呆れられる」。

三年目「ここまでやるのは、どうやら館長以下皆狂っているにちがいないと思われつつ、同時にこの頃になると、その踊りにならついていこうじゃないかというコアなファンが一万人に達する」。

四年目「もうミュージアム見たさ、面白いものに参加したさで、生き甲斐に感じてくれるファンが十万人に！」。

五年目「とうとう、もうミュージアムなしじゃ何もはじまらないよ！　という県民が、総人口の過半を超える」。

とまあ、これがすごくわかりやすい、僕なりの戦略なのである。

芸術の真の自由と寛容

本章ではここまで、二〇一四（平成二六）年現在、僕が取り組んでいる新大分県立美術館の立ち上げに沿うかたちでミュージアムについて語ってきたが、最後に僕の友人にして偉大なるアーティストを二人取り上げ、ミュゼオロジーについて学ぶにあたり絶対に知っておいて欲しい、芸術が人間の大きな苦しみ、悲しみにどのように働きかけることができるのかという話をしたいと思う。

人は誰でも、怪我や火傷、手術などで、皮膚の表面に消えない傷痕をいくつかもっているが、石内都という人は、そういう傷をずっと長いこと写真に撮ってきた芸術家だ。彼女は、単に汚いもの、醜いもの、あるいは苦くて忘れたい思い出としてそういう傷を見るのではなく、むしろ可愛らしいもの、愛おしいもの、それぞれの人が傷を受けてからそれを癒し、労《いたわ》りながら必死に淡々と生きてきた、時間の慈しみそのものと見ている。

二〇〇〇（平成一二）年に、神奈川県川崎市の岡本太郎美術館で「その日に――5年後、77年後　震災・記憶・芸術」という展覧会を企画した時、彼女ははじめてお母さまの大きな火傷の傷を撮って出品してくれた。それは、壮麗な身体と皮膚のカテドラルのように輝いていたことを記憶している。その年に、お母さまは亡くなってしまったのだが、その遺品類、モダンなシュミーズや口紅、櫛を写真に撮った「マザーズ」は、二〇〇五（平成一七）年ヴェネツィア・ビエンナーレの日本館に出品された。彼女は、遺品を撮ることによって、生前上手く話せなかったというお母さまと会話したと言っている。

その石内さんから、「今、広島を撮っているのよ」と電話があったのはいつのことだったろうか。彼女がその後出版をし、また幾多の展覧会によって数々の賞を受賞した写真の被写体は、被爆した人たち、そのほとんどすべてが亡くなったわけだが、その人々が生前着ておられた、あるいは死の瞬間に着ておられた衣服を中心とした遺品の数々だった。

広島平和記念資料館に残されているそれらの遺品を、一つ一つ学芸員と一緒にていねいにひろげ、じっ

石内 都《ひろしま》より
「ワンピース（広島平和記念資料館蔵）」

くり見て観察し「わあ、オシャレじゃない。可愛いわねえ」とため息をつく彼女。むろん、焼け焦げやちぎれ飛んで残ってない部分もある。けれど、その絹や綿の染め具合、ボタンや縫いつけの面白さ、襞《ひだ》の妙、そんなごく小さなディテールまで見入って、魅入って、その遺品とそれを着ていた彼女たちと心を一つにして、それから一気呵成にシャッターを切る石内都がいた。

「写真は機械じゃないから、私の気持ちで呼び寄せるんだ」。

リンダ・ホーグランドによるドキュメンタリー映画「ひろしま　石内都・遺されたものたち」は、石内さんのそういう姿勢とカナダ・バンクーバーでの展覧会で彼女の写真を見たさまざまな人々の体験や感動を、静かにしかも雄弁に語る。自分の写真は、ヒロシマの過去を撮ったものではなく、今も生きている現在を甦らせたものだから、見る人は自由に、好きなようにそれぞれちがったいろいろな見方、感じ方で見てくれた方がよいと石内さんは言う。そこに僕は、芸術の真の自由と「決して固定のイメージを見る人に押しつけない」真の寛容を受け取った。

彼女が、特別講義で僕の学生たちに語ってくれた言葉で特に印象に残っているのは、「〝ひろしま〟は死んではいない。一人一人の生命は、今もこの服の中で生きている」という、言わば奇跡的な発言だ。こうして一人の写真家は、彼女自身の「ひろしま」を見いだし、それを黙って差し出すことによって、「一人一人」の「ひろしま」を再び甦らせ、奪い返したのだった。

芸術の底力

石内都さんに続いて、南アフリカのヨハネスバーグ生まれの畏友スティーヴン・コーヘンの話をしたい。おわかりになる方もいるだろうが、コーヘンというのはユダヤ系の人に多い名前で、スティーヴンの一族もユダヤ系だ。

二〇一〇（平成二二）年にスティーヴンは、あいちトリエンナーレという愛知県で行われる国際的なアート展に招待され、滞在中に、第二次世界大戦直前にリトアニアの日本領事だった杉原千畝《ちうね》さん（一九〇〇―一九八六）に捧げた素晴らしいパフォーマンス映像を制作した。アウシュヴィッツやテレジンなど、当時ドイツ支配下にあった東欧の国々につくられた強制収容所でナチスが行ったユダヤ人の大量虐殺を「ホロコースト」と呼びならわしているが、ナチスはドイツ国内でも当然そのことを隠匿していた。杉原さんは実に偉大な方で、特殊な情報経路から強制収容所で行われている残虐な行為を察知され、日本政府に無断で独自な判断によって千人単位のユダヤ人にヴィザを発行してその避難を助けた日本人として知られている。記憶が間違っていなければスティーヴンのご両親も杉原さんによって逃がされたものの、やはり次第にナチスの手が伸びてきたので、最終的に南アフリカに移住、避難した方々だそうだ（註10）。

南アフリカというと一般の理解でも、一部のヨーロッパ系白人の人々が入植して、ダイヤモンドをはじめ豊富な鉱物資源を現地の人々を使って採掘して巨万の富を得ながら、それを現地の人々に還元せずに、むしろ徹底的に差別した国、いわゆる「アパルトヘイト（有色人種差別）」という許し難い政策をしいた国として知られる。若きガンジーが、この国の状況から多くの負を学んで、インド独立運動に身を投じたことも有名だ。

華麗に化粧してハイヒールを履いたスティーヴンが、クリスタルガラスのいっぱいついた大きなシャンデリアを背負って、ゆっくりと静かに、微笑みながら踊っている。場所は、ヨハネスバーグのスラム街。しかも、高速道路の建設で強制立ち退き、今まさに政府の手によって、ビニールシートやトタン屋根で小屋掛けした小さな、ひしめき合う現地の人々の家が打ち壊されている。怒号、悲鳴、泣き叫ぶ人々。最後は、地面に力なく座り込む老婆や女性、子供たち。そんな中、嘲られても罵倒されても、スティーヴンはゆっくりと静かに踊り続ける。今ここで、自分たちのなけなしの家がなくなって路頭に迷う、今日の食べ物もない人々のために、ただひたすら踊る。スティーヴンの代表的なパフォーマンス《シャンデリア》だ。

やがて夕方になり、薄暗闇の中に彼のシャンデリアがぼおっとほのかに輝きはじめ、彼の回りに人垣が

スティーヴン・コーヘン《シャンデリア》より
Steven Cohen "Chandelier" 2001
C-print, Photo: John Hogg
Courtesy of the artist and Stevenson, Cape Town and Johannesburg

できる。「きれいだね」「美しい」、子供たちの小さな囁きがする。「イエスさまじゃないかね、この人は」「私は生まれてから、きれいなものを一度も見せてもらったことがないから」、老婆がそう呟く。小さな歓声があがり、やがて大きな拍手が起こる。今日、家も仕事も食べ物もない人々から、それは沸き起こる。

僕は教えている美術大学で、一年生の最初の授業の時に必ずこの《シャンデリア》の話をする。スティーヴンは、政府に働きかけてスラムの取り壊しをやめさせたわけでもなく、ボランティアとして食べ物や着る物をもってきたわけでもない。彼のできるアート、踊ること、きれいなものを見せること、ただそれだけを必死でやった。芸術の真の姿、そして底力。

スティーヴンは、僕のかけがえのない友人。そして偉大なアーティスト。アートという自らの使命に、徹底して真摯で忠実で必死懸命の人だ。笑える話だが、あいちトリエンナーレの一か月余りの滞在制作中、ほとんどカップラーメンしか食べなかったという彼に、大分のおいしいお魚を食べさせたいと、僕は心から思っている。

註

本文で触れたように、この章のほとんどの文章は、二〇一三（平成二五）年五月から大分合同新聞に連載している「大分のアート立国――文化リテラシー物語」の再録、再構成である。

1　彫刻家イサム・ノグチの作品の性格を「生の揺らぎ」と言い当てながら、芸術の本質の一側面を示したのは、亡き、畏敬する詩人彫刻家、飯田善國さん。（「イサム・ノグチの彫刻――埋めつくされぬ孤独」、東京国立近代美術館ニュース『現代の眼』、一九九二年）

2　僕のモーツァルト論は、すべて、畏敬する音楽評論家、遠山一行先生の受け売り。たとえば、『モーツァルトをめぐる十二章』（春秋社、二〇〇六年）などから、学んで借りたもの。

3　こういうことを僕に示唆してくれたのは、尊敬する同世代の作家で、自宅で制作教室を主宰している、さかぎしよしおうである。

4　慶應でともに（正確にはともにではない。奴は、学部は経済だったが）フランス文学を学んだ仲間で、パリのジュリア・クリステヴァ師のもとでマラルメについて博士論文を書いて帰ってきて、今は、文化実践家として京都で教鞭をとっている、熊倉敬聡のこと。

5　「待つこと」がもっとも偉大で深いこと、と教えてくれたのは、青年時代から耽溺した世紀末ドイツの詩人、ライナー・マリア・リルケである。『神さまの話』（谷友幸訳、新潮文庫、一九五三年）の最後におかれた「闇にきかせた話」に、この「待つこと」への讃美が出てくる。

6　世紀末の画家、ハインリッヒ・フォーゲラーたちがつくった、ブレーメン郊外の芸術家村ヴォルプスヴェーデ（「ヴォルプスヴェーデ日記」、塚越敏監修『リルケ全集第九巻　日記』河出書房新社、一九九一年、などに詳しい）や、スイスのキュレーターが展覧会も組織したマジョーレ湖湖畔の村アスコーナ（マーティン・グリーン『真理の山　アスコーナ対抗文化年代記』進藤英樹訳、平凡社、一九九八年、などに詳しい）を考えればよいが、世紀末から一九一〇年代まで、イギリスのチャールストンやディチリング、ドイツのミュンヘン郊外、あるいはモスクワ郊外のアムラブツォヴォまで、広く全ヨーロッパに広がった現象だったし、ドイツ表現派のグループ「ブリュッケ」の起こった街ドレスデンは、自然豊かな農村郊外ではなく都市そのものだが、それもある種の「芸術解放区」的なアナーキーな場と考えて、アーティスト・コロニーにふくめてもあながち外れてはいないだろう。いくつかのコロニーは、その素地に、結核療養のサナトリウムによる「小開発」があり、トーマス・マンの『魔の山』などをも思い出させる。

7　田能村竹田の作品を、大塩平八郎が所有していて、互いに頼山陽を介しての交流があったことを教えてくれたのは、旧大分県立芸術会館学芸員で南画の専門家、古賀道夫さん。

8　ロマン派の起源についての考えはいろいろなところにあるが、僕がもっとも影響を受けて、学んで借用しているのは、畏敬する美術史家、長田謙一さんが、民藝運動の創始者、柳宗悦のミュージアム観について分析された論文「〈日本の眼〉——柳宗悦と〈美術館としての日本〉」（『〈美術〉展示空間の成立・変容——画廊・美術館・美術展〔平成一〇—一二年度科学研究費補助金　基礎研究（B）（1）研究報告書〕』千葉大学教育学部芸術学研究室、二〇〇一年）における指摘からである。

9　これを僕に教えてくれたのも、たしかドイツに暮らした日本の女性作家だったような気がしたが、残念なことに、名前を失念してしまっている。

10　「ユダヤ人にとっての英雄」杉原千畝さんのことを、僕はたしか、スティーヴンがやった日仏会館でのレクチャー&作品上映の時に、彼から直接、初めてきいたのだと思うが、記憶が定かではない。

第2章　ミュージアムがあらわすもの——定義・種類・目的・機能

金子伸二

博物館とは何か

「ミュージアム」と「博物館」

「ミュージアム（museum）」という言葉は、博物館や美術館を幅広く指すものとして、現在では特に説明の必要なく日常的に使われている。日本ではもともと「博物館」ないしは「美術館」という言葉が用いられてきたが、だいたい一九八〇年代頃になって「ミュージアム」という言葉が徐々に普及し、浸透してきた。ミュージアムの語源はムセイオン（Mouseion）、ギリシャ神話における学問や芸術の女神ムーサの聖域をあらわす言葉にさかのぼり、特にエジプトのプトレマイオス朝期に首都アレクサンドリアに置かれた学問研究所がこの名で呼ばれていた。

厳密に言うと「ミュージアム」と「博物館」あるいは「美術館」とは、お互いにその意味が重なりつつも異なっているのだが、ここでは現代の日本における「博物館」を中心に取り上げながら、その定義を理解することからはじめよう。

博物館と言うと、私たちは展覧会を観覧したり、あるいは旅行先で観光に訪れたりする博物館を思い浮かべるだろう。それがわかっているなら、「博物館とは何か」などと今さら問うたり、説明することは必要ないと思われるかもしれない。確かに博物館は建物、施設として実際に目の前に存在するものであるから、そこを利用するだけならば、ことさら定義をする必要はないだろう。

しかし、博物館は単なる場所であるだけでなく、その機能なども含めた全体が人類の生み出した文化的な産物でもある。また、博物館に関わる仕事に携わったり、博物館を活動の場とする者は、その実践を通して「博物館とは何だろうか」という問いと常に向き合っていくことになる。博物館を研究の対象とする者にとっても、まず何をもって博物館と見なすかという条件や範囲を定めておかないと、研究成果を他の人と共有することができなくなってしまう。実際、博物館の捉え方は一つだけではなく、時代や地域、また人によっても異なってくるものなのだ。

それゆえ、博物館のことを聞いたり話したり、議論するような時には、そこで言われている博物館とは何を指しているのだろうか、ということを確認しておくことが大切になってくる。とりわけ、ふだんの会話や一般的な文章の中では博物館という言葉が幅広い意味で使われるのに対して、専門的な学習や活動の場では特定の根拠に基づいた厳密な意味で使われる場合があることに注意する必要がある。その違いを無視してしまうと、議論が混乱したり、博物館の広がりを捉え損ねたりする事態になりかねない。そのどちらか一方が正しく、他方が間違っているということではなく、使われる状況や目的に応じて言葉の意味は異なってくる、ということを意識しておくことが大事だ。

博物館の語義と定義

代表的な国語辞典である『広辞苑』の第六版（岩波書店、二〇〇八年）では、「博物館」という言葉の意味が次のように記されている。

考古学資料・美術品・歴史的遺物その他の学術的資料をひろく蒐集・保管し、これを組織的に陳列して公衆に展覧する施設。また、その蒐集品などの調査・研究を行う機関。

この説明は、博物館に対する私たちの一般的なイメージをよくあらわしていると言えるだろう。ちなみに「美術館」の語義は、次のように説明されている。

美術品を収集・保存・研究・陳列して一般の展覧・研究に資する施設。研究と企画展示のみを行う施設を指すこともある。博物館の一種。

利用者の研究にも役立つとしているところは、展覧にしか触れていない「博物館」との違いが感じられる。後半の「研究と企画展示のみを行う施設を指すこともある」という一文には、本来のかたちと実際の姿とを両方含もうとする編纂者の苦心が見て取れるだろう。「蒐集」と「収集」、「保管」と「保存」のように、ほぼ同じ意味でありながら表記が異なっている点も面白いところだ。

「博物館」という言葉は一般にはこのような意味で使われているが、一方で、博物館を厳密に定義するとどうなるだろうか。ミュゼオロジーを学ぶ際に把握しておく必要があるのは、博物館が法律の上でどのように定義されているかということだ。

現在の日本では一九四七（昭和二二）年に制定された「教育基本法」の中で、「学校教育」や「家庭教育」などと並ぶものとして「社会教育」が位置づけられている。社会教育を担っている施設としては、主に図書館、博物館、公民館といったものが該当する。この社会教育に関する国や自治体の役割について詳しく定めた法律として「社会教育法」があるが、図書館と博物館についてはそれぞれ別に「図書館法」「博物館法」という法律が定められている。この博物館法の中では、博物館の意味が次のように定義されている。

第二条　この法律において「博物館」とは、歴史、芸術、民俗、産業、自然科学等に関する資料を収集し、保管（育成を含む。以下同じ。）し、展示して教育的配慮の下に一般公衆の利用に供し、その教養、調査研究、レクリエーション等に資するために必要な事業を行い、あわせてこれらの資料に関する調査研究をすることを目的とする機関（社会教育法による公民館及び図書館法（昭和二十五年法律第百十八号）による図書館を除く。）のうち、地方公共団体、一般社団法人若しくは一般財団法人、宗教法人又は政令で定めるその他の法人（独立行政法人（独立行政法人通則法（平成十一年法律第百三号）第二条第一項に規定する独立行政法人をいう。第二十九条において同じ。）を除く。）が設置するもので次章の規定による登録を受けたものをいう。

（「博物館法」昭和二六年一二月一日法律第二八五号、最終改正：平成二六年六月四日法律第五一号）

つまり、博物館法で言うところの「博物館」とは、次のような条件を満たす施設でなければならない。

①資料の収集や保管、展示をすること。

②広く一般の人を対象にし、誰にでも開かれて、資料に関する知識を人々に教えるよう配慮していること。

③人々が資料を通して教養を深めたり、調べたり研究することに活用したり、娯楽になるような事業を行っていること。

④それ自体も資料の研究をすること。

⑤「登録」を受けていること。

登録博物館と博物館相当施設

博物館法における「登録」とは、博物館を設立する主体（よく「設置者」という言い方をする。後述五八頁参照）が、その博物館が置かれる都道府県の教育委員会に申請をして審査を受け、博物館登録原簿に記載されることを指している。こうして登録された博物館を一般に「登録博物館」と呼んでいる。つまり、施設の名称に「博物館」を掲げて活動していても、登録されていなければ、博物館法の上では博物館ではない、ということになるのだ。

しかし、実際に登録を受けている博物館の数は、それほど多くはない（五六頁参照）。登録されるためには、資料や職員、建物・土地、開館日数などについてのさまざまな要件を満たしていることが求められるからだ。登録されることによって、公立の博物館であれば経費、施設の建築工事費や資料・器材器具の購入費について国の補助を受けることができるし、私立の博物館であれば物資の確保について国や地方公共団体の援助を受けることができるとされている。つまりこうした公的な支援の対象とする根拠として登録制度があるということになる。しかし、国や自治体の行政改革が進む中で、登録によるこれらのメリットも減少したことなどから、条件を満たしているにもかかわらず申請しない場合もしばしば見られる。

博物館法には「登録」よりも要件が緩い基準として、「指定」を受けるという仕組みがある。この場合は「博物館」ではなく「博物館に相当する施設」と位置づけられ、一般に「博物館相当施設」と呼ばれることになる。この取り扱いについては「博物館法施行規則」という省令に規定されている。後に述べる国立の博物館も多くの場合は博物館相当施設となっているのだが、それは博物館法で登録博物館の設置者が制限され、国や独立行政法人を対象にしていないからである。

ちなみに、博物館専門家の国際的な団体として一九四七（昭和二二）年に創設されたフランス・パリに本部を置く非政府機関「国際博物館会議」（International Council of Museums、ＩＣＯＭ、イコム）がある。この機関では、博物館を次のように定義している。

博物館とは、社会とその発展に貢献するため、有形、無形の人類の遺産とその環境を、研究、教育、楽しみを目的として収集、保存、調査研究、普及、展示をおこなう公衆に開かれた非営利の常設機関である。
（「ICOM 規約（二〇〇七年八月改訂）」ICOM 日本委員会）

博物館法の定義と比べると、資料の性格よりも活動に力点が置かれ、とりわけ「研究」がその基本に位置づけられていることが読み取れる定義となっている。

博物館を分類する

博物館類似施設と博物館の範囲

先に確認した博物館法における定義（五二頁参照）からわかるように、博物館は主に目的と活動によって規定されている。それゆえ、施設の名称に「博物館」と掲げていなくとも、実際には博物館である施設はたくさんあることになる。美術館や科学館などはもちろんのこと、動物園や水族館、植物園など、博物館とはかけ離れているように思える施設も、実は博物館の範囲に含まれるのだ。

博物館にはどのような種類があるのだろうか。博物館の分類の仕方で一般的なのは、文部科学省が行っている「社会教育調査」という調査で用いられている種別だ。この調査は一九五五（昭和三〇）年にはじまり、ほぼ三年に一度のサイクルで実施されてきた。社会教育の現状を全国的に把握することを目的としたもので、自治体の教育委員会など社会教育行政の状況や、公民館、図書館、博物館、青少年教育施設、女性教育施設、体育施設、文化会館、生涯学習センターなどの対象ごとに異なる調査項目によって全体が構成されている。

「社会教育調査」のうち、博物館に関する調査では、施設の別を「博物館」「博物館相当施設」「博物館類似施設」の三つに分けている。この場合の「博物館」とは「登録博物館」のことを指している。「博物館相当施設」の意味については先に述べた。これらに対して、「博物館類似施設」は、「博物館」と同じ種類の事業を行っていて、その規模（主に土地や建物などの面積）も「博物館相当施設」と同等かそれ以上でありながら、「登録博物館」でも「博物館相当施設」でもない施設のことを指している。

ちなみに、二〇一一（平成二三）年度実施の調査では、「登録博物館」の数が九一三施設、「博物館相当施設」の数が三四九施設であるのに対して、「博物館類似施設」の数は四四八五施設であった。それに加えて、博物館と同じ種類の事業を行っていながらも規模が調査対象とする規定に満たないことから、そもそもこの調査の対象になっていない施設もあるので、規模を問わなければ、博物館に類する施設の数はさらに増えることになる。

施設種別に見る博物館

「社会教育調査」の博物館に関する調査では、各施設の種別を尋ねている。そこでの区分は「総合博物館」「科学博物館」「歴史博物館」「美術博物館」「野外博物館」「動物園」「植物園」「動植物園」「水族館」の九つに分けられている。このうち「総合博物館」から「美術博物館」までは、その施設が収集や保管、展示をする資料の分野による分類と言えるだろう。

「総合博物館」とは、科学や考古、歴史、美術などの資料を幅広く扱う施設のことだ。たとえば、ある自治体に公立の博物館が一つ置かれるような場合、その博物館は総合博物館として位置づけられることが多いようだ。「美術博物館」とは耳慣れない言い方だが、いわゆる美術館のことを指している。資料のうちどれが美術でどれが美術でないのか線引きは難しいが、一般的には古美術や近現代美術の作品、工芸品が中心になる。

「野外博物館」は戸外の自然景観や家屋を展示の対象とするもので、たとえば、民家園や民俗村のような施設がこれにあたる。「動物園」から「水族館」までは、育成して生態の展示をする対象による違いだ。意外かもしれないが、動物園が博物館であるということからすれば、動物園の動物たちも「資料」に位置づけられる。先に見た「博物館法」の第二条に「資料を……保管（育成を含む。）し」とあるのは、このことを反映したものだ（五二頁参照）。調査の上では、動物園のパンダやライオンは「動物資料」、植物園のバラやサボテンは「植物資料」であり、さらにその中の（標本などではなく）「実物」として扱われている。

設置者とは何「者」か

施設の種別の他に重要な区分となるのが、「設置者」による違いだ。設置者とは、その博物館をつくった主体のことで、「者」とは言いながらも多くの場合は個人ではなく団体や法人といった組織体となっている。二〇一一（平成二三）年の「社会教育調査」ではこの設置者を、「国」「独立行政法人」「都道府県」「市（区）」「町」「村」「組合」「一般社団法人・一般財団法人（特例民法法人を含む。）」「その他」の九つに区分している。

この区分の仕方には、その時々の博物館を取り巻く社会的な状況が反映されている。実際、二〇一一年の調査結果では、国が設置者である「登録博物館」「博物館相当施設」は無いとされている。では、たとえば「東京国立博物館」の場合、誰が設置者なのだろうか。

東京国立博物館は名称に「国立」を冠しているが、二〇一四（平成二六）年現在、二〇〇七（平成一九）年に発足した「国立文化財機構」という独立行政法人の一機関となっている。つまり、この国立文化財機構が東京国立博物館の設置者ということになる。国立文化財機構は他に、京都、奈良、九州の各国立博物館や東京と奈良の文化財研究所などを抱えている。博物館を設置している独立行政法人には他に、「独立行政法人国立科学博物館」や「独立行政法人国立美術館（東京国立近代美術館、国立西洋美術館、京都国立近代美術館、国立国際美術館、国立新美術館を設置）」などがある。これらの独立行政法人が設置者である博物館や美術館は、「博物館法」とは別に、それぞれの独立行政法人を規定する法令がその根拠となっている。

区分の中の「組合」とは、「地方自治法」で規定される「地方公共団体の組合」を指し、複数の自治体が共同で博物館の設置者となるような場合が該当する。「特例民法法人」は、制度改革にともなう二〇〇八（平成二〇）年から二〇一三（平成二五）年までの暫定的な制度なので、現在は存在していない。「その他」には「一般社団法人・一般財団法人」以外の法人（学校法人や宗教法人、営利法人である株式会社など）や個人が含まれる。たとえば「国立民族学博物館」や「国立歴史民俗博物館」は、二〇〇四（平成一六）年から「大学共同利用機関法人人間文化研究機構」という組織の一機関となっている。この大学共同利用機関法人は、「国立大学法人法」を根拠としている組織だ。

これらさまざまな設置者がある博物館の中で一般に「公立」と呼ばれるのは、設置者が「都道府県」「市（区）」「町」「村」「組合」のものである。都道府県や市区町村が設置者である場合には、その施設の管理を設置者が直接行う方式（直営）と、他に管理者を指定して業務を代行させる方式（指定管理）とがある。これは地方自治法における「公の施設」の規定に基づくもので、一般に「指定管理者制度」と呼ばれている。この時の「管理者」には、法人その他の団体を指定することができる。二〇〇三（平成一五）年に「地方自治法」の改正によってはじまった仕組みだが、公立の博物館や美術館の場合、業務に高い専門性が求められるとともに、資料の保管にも長期的な観点が求められることなどから、指定管理の場合でも公募・選定の結果としては、自治体が出資する「公益法人」が管理者となる例が比較的多く見られる。

このように設置者に注目することは、その博物館の成り立っている背景や特徴をよく理解するための手がかりとなる。ある博物館について情報を集める際にも、その設置者に関する資料を探索することによって、館単体とは異なった観点で把握することもできるだろう。

博物館の目的

社会教育と文化財保存

一般に博物館の目的は、定義のところで述べたように、社会教育に役立つことが第一のこととされている。とは言え、具体的な目的はそれぞれの施設の成立事情や理念などによってさまざまだ。また、一つの博物館でも、時代に応じて目的を見直したり、言葉によるあらわし方を変更することがある。

たとえば東京国立博物館の原点は、一八七二（明治五）年に開催された博覧会（東京・湯島聖堂大成殿にて開催）と、それを引き継いで一八七三（明治六）年に設立された「（山下門内）博物館」にさかのぼる。当時の博物館は国内の物産や美術工芸品を紹介することで輸出のための品目を開発し、日本の経済力を高める殖産興業に寄与することを主な目的としていた。現在のように宝物の保存や展示が中心になるのは、一八八六（明治一九）年に博物館が宮内省へ移管され、一八八九（明治二二）年に「帝国博物館」となる時期からのことだ。この時期、博物館には、日本の文化的な独自性と歴史的な連続性を提示して、近代国家としてのかたちを内外に向けて目に見えるようにする役割が求められるようになったのだ。ちなみに、ほぼ同じ頃、一九〇〇（明治三三）年に開催されるパリ万国博覧会に向けて、農商務省主導のもと帝国博物館により最初の日本美術通史とされる本（仏語版 Histoire de l'art du Japon、日本語版『日本帝国美術略史稿』。一九一六年に『稿本日本帝国美術略史』として一般向けにも出版）が編纂されているが、これも同じ時流に沿った動きと捉えることができる。

現在の東京国立博物館は、「文化財の保存及び活用を図る」という独立行政法人国立文化財機構の目的をそのまま館の目的としている。まず博物館ありきではなく、文化財の保存活用のための手立て、特に有形文化財の収集・保管・観覧の場として博物館があるという位置づけになったことが鮮明に示されていると言えるだろう。

コミュニケーションの場としての博物館

一方近年では、博物館全般に、資料を収集・展示しそれによって教育をするだけでなく、人々に楽しみを提供したり、人と人とを結びつける場所としての役割が求められるようになってきた。博物館の側でも、市民との共生や国際交流を目的の柱に掲げている館が多く見られるようになっている。文部科学省の「これからの博物館の在り方に関する検討協力者会議」がまとめた報告書『新しい時代の博物館制度の在り方について』（二〇〇七年）においても、資料の収集や調査研究の充実に加えて、利用者である市民とのコミュニケーションを活性化する必要が強調されている。

こうした動向を踏まえて、二〇〇八（平成二〇）年の「博物館法」の改正では、博物館が行う事業として「学習の成果を活用して行う教育活動その他の機会を提供」する事業が追加された。これによって地域住民の活動の場としての博物館像が根拠づけられ、これが二〇一一（平成二三）年に改正された「博物館の設置及び運営上の望ましい基準」においてもポイントの一つとなっている（文部科学省生涯学習政策局社会教育課『博物館――これからの博物館』）。さらに、二〇一一年八月に閣議決定された国の「科学技術基本計画」の中でも、科学館や博物館が科学技術についての認識を共有するコミュニケーションの場と位置づけられ、また二〇一四（平成二六）年に文化庁が示した「文化芸術立国中期プラン」においては美術館・博物館による学校などへのアウトリーチ活動の推進や、地域文化発信活動への支援が掲げられている。このように博物館の目的も、社会の要請に応じて変化しつつある。

観光から宣伝まで

それぞれの「博物館」の目的には、分類のところで述べた「設置者」（五八頁参照）の性質が大きく関わっている。また、都道府県や市区町村などの地方自治体が設置者である場合は、その博物館を所管する部署がどこであるかによって、博物館の性格・目的が異なってくる。

博物館が社会教育施設であるということから、自治体では多くの場合、教育委員会が博物館を所管している。そうした成り立ちから、館の活動においても小学校や中学校との連携が重視される傾向がある。また、知事や市区町村長といった自治体の首長のもと、文化行政を担当する部署が所管している館も多く見られる。この場合は、学校教育というよりは市民の鑑賞や文化活動、自治体の文化イメージの向上などを目的の柱にしていることが多いようだ。一方、たとえば青森県立美術館の場合は、二〇一四（平成二六）年現在、県の観光国際戦略局に置かれた観光企画課という部署が所管しており、その点からすると文化施設というより観光のための施設という位置づけがなされていると言えるだろう。実際、館の概要においても、青森の芸術風土を世界に発信することが謳われている。

企業が設置者である博物館、いわゆる企業博物館では、たとえばその企業を創業した人物の生涯を紹介して顕彰したり、企業の発展の歴史、技術や製品の優秀性をアピールするような、広報宣伝の目的が加わってくる。また、企業のアイデンティティをかたちにして、社員の教育研修の場として企業精神の継承を図る場合もある。ファッション企業が先鋭的な現代アート作品をコレクションすることによって、ブランドイメージを高めるような取り組みも数多く見られる。

このように、ひと口に博物館といってもその目的はさまざまであり、それはその博物館の成立の事情と深く関わっている。魅力的な展覧会の企画でも、それがその博物館の目的と合致していなければ事業として位置づけられない。博物館の事例研究に取り組んだり、博物館の活動に関わるにあたっては、その館の目的が何であるかを理解することが不可欠である。

博物館の機能と作用

博物館の基本的な機能

博物館の基本的な機能は一般に、資料の収集、保管、展示、調査研究、教育普及などが挙げられる。これらはまさに博物館ならではの機能だが、すべての博物館がこれらの機能を均等に担っているわけではない。個々の博物館によってどの機能に重点を置くか、そのバランスは異なっているし、一部の機能についてはほとんどもっていないような館もある。近年は、全般に収集保存活動から教育普及活動へと重点が変化する傾向にある。これには博物館の厳しい経営環境から、資料購入の予算が十分に確保できず、既存の資料を活用する方向に事業が移っていることも背景にあるようだ（財団法人日本博物館協会『日本の博物館総合調査研究報告書』二〇〇九年、一五―一六頁）。

価値判断と博物館

さらに、博物館という存在が担うことになるさまざまな文化的機能にも目を向ける必要があるだろう。博物館をめぐる近年の社会的な話題から、その働きを考えてみよう。

資料の収集や展示は博物館の基本的で直接的な機能だが、収集や展示を行うには、博物館は個々の資料の意味や価値を判断しなければならない。何を資料として受け入れ何を受け入れないか、資料の中からどれを選択してどのように展示を構成するのか。そこには常に資料に対する博物館の考え方が反映されている。その結果として博物館は、そこを訪れる人に向けて、世の中の現象や過去の歴史を捉える見方、認識の仕方を伝えることになるのだ。博物館に収集されることをもってその物の価値が客観的に評価されたことになるとともに、テーマのもとで他の物と関連づけられて展示されることによって、人々に「このようなものとして見よ」というメッセージを伴ってその意味が示されることになる。

近年、芸術の専門的な教育を経ず芸術家としての身分にもとらわれずに内発的な動機によって表現活動をするアウトサイダー・アート、あるいは障害のある人による芸術活動であるエイブル・アートが注目を集めるようになった。もともと日本でも障害者による造形活動には長い取り組みの歴史があるが、現在のように広く知られるようになったのには、フランス人画家ジャン・デュビュッフェが提唱した「アール・ブリュット（生の芸術）」の作品を収集するスイスのローザンヌにある美術館「アール・ブリュット・コレクション」に日本人の作者による作品が加えられていったことや、そうした海外での動向が国内に紹介されたことが大きく働いている。この場合は、美術館が作品の客観的な価値の根拠として機能したと言えるだろう。

一方で、収集の対象である資料それ自体ではなくとも、展示のために博物館が作成した説明が新たな価値をもつ場合もある。一九四五（昭和二〇）年の東京大空襲から六〇年目にあたる二〇〇五（平成一七）年に、江戸東京博物館、すみだ郷土文化資料館、豊島区郷土資料館の共同研究により、空襲犠牲者の居住地と死亡場所を示した被災地図が制作された。避難者の名簿や米軍の資料から爆撃とその被害の状況、犠牲者の行動が視覚化されたこの地図は、館における展示の中心になるとともに、テレビのドキュメンタリー番組の題材にもなるなど、それ自体が資料的価値を有するものとなっている。博物館は人々に対して、見過ごしがちな事柄や事物に気づかせ、その意味を理解し価値を認識させる力を備えているのだ。

専門的権威としての博物館

博物館が物事の意味や価値を人々に指し示すという作用は、博物館の活動を、学芸員をはじめとする「専門家」と呼ばれる人たちが担うことによって支えられている。それによって博物館は、専門分野に関する判断の拠り所となる権威性が備わり、時には社会から博物館に対して、そうした権威を発揮することが求められることになる。

たとえば、太平洋戦争中にフィリピンで戦没した旧日本兵に関する国の遺骨帰還事業にあたって、政府派遣団は遺骨の鑑定を二〇〇八（平成二〇）年からフィリピン国立博物館の学芸員に依頼し、フィリピン政府は博物館の証明書があることを日本への遺骨送還を許可する条件とした。その後、収容や判定の方法への疑義が指摘され、厚生労働省も検証と事業の見直しを行ったが、博物館が「鑑定」の根拠とされるのは、その判断が学術的な客観性を備えていると見なされているからだろう。

こうした学術・科学という名のもとでの博物館の活動は、時として不当な力に転化することもある。アメリカの北極圏探検家ロバート・ピアリーは、一八九七（明治三〇）年に探検を終え帰国する際、六人のエスキモー（イヌイット）を伴ってきた。彼らはピアリーから、人類学の生きた標本としてアメリカ自然史博物館（ニューヨーク）に引き渡される。彼らが異なった環境で病に罹り次々に亡くなる中でただ一人生き残った男の子は、やがて自分の父親の身体が骨格標本として博物館に収められているのを知ることになる。遺骨を取り戻して埋葬したいという少年の要望は、研究の科学的価値を確信する博物館と人類学者らによって拒否されつづけた。この出来事は、高度な学術性を備えた博物館の活動といえども、その時々の文化的、社会的な偏見から完全に自由ではいられないことを教えている（ケン・ハーパー著、鈴木主税／小田切勝子訳『父さんのからだを返して　父親を骨格標本にされたエスキモーの少年』早川書房、二〇〇一年）。

学術的権威を備えた博物館に対して、そこを利用する側の多くはいわゆる「素人」の立場に身を置くことを余儀なくされる。限られた時間に貴重な資料を見せてもらう身であり、資料の見方や理解の仕方が教え諭される。専門家の間にも見解の相違があり、研究上の問題に関しても常に議論があるわけだが、博物館という場においてはそうした不確かさは捨象され、展示という行為を通してその内容に信頼性や正当性が付与されることになる。たとえば、「昔の暮らし」を再現した展示は、実際の過去の暮らしぶりは地域や職業、階層や家々によって多様であるにもかかわらず、一つの典型だけを来館者に提示することになるだろう。それによって、現実にはどこにもないイメージとしての「昔の暮らし」が、私たち共通の歴史として記憶されるのだ。程度や性質の違いはあれ、博物館は来館者に対して教化する「力」を及ぼしていることを理解しておく必要があるだろう。

博物館と美術館

美術館が博物館と大きく異なるのは、あるいはこうした教化作用の位置づけという点なのかもしれない。博物館における資料にとってその意味や価値に関する説明が不可欠のものであるのに対して、美術館における資料、つまり美術作品は、もちろん歴史的な位置づけは背景にもちながらも、来館者に対して常に「今」のもの、過去の痕跡ではない現実として見ることができる存在だからだ。美術史家の高階秀爾は「政治史や経済史やその他の歴史の分野が、いずれも過去の事象を対象としているのに対し、美術史の場合は、対象となる作品が現在もなおわれわれの眼の前に残されているという点で、きわめて特異である」（高階秀爾「美術史とは何か」、高階秀爾／三浦篤編『西洋美術史ハンドブック』新書館、一九九七年、一一頁）と指摘した。もちろん美術館であっても、価値判断がなければ収集も展示も成り立たないことから、その活動に時代の傾向、時には偏見が介在することは避けられないだろう。美術館にも来館者にとってのわかりやすさや楽しみの提供が求められるのに応じて、展示にあたっても見どころの強調や印象を高める演出が加わるようになってきた。そうした流れにあっても、現在の目の前の事象として作品と出会うという直接的な体験は、美術館の特性でありつづけるだろう。

博物館の多様性

「博物館」という言葉のはじまり

ところで、「博物館」という言葉をいつ、誰が最初に用いたのだろうか。これについては諸説あるが、最も早い使用例としては一八六〇（万延元）年に派遣された遣米使節団がアメリカ・ワシントンを訪れた際に、一行の通詞、名村元度《もとのり》が日記に「博物館」の言葉を用いているが、この時は「パテント・オフィス」、今で言う「特許局」の訳語として用いられたものであった（名村元度「亜行日記」、日米修好通商条約百年記念行事運営会『万延元年遣米使節史料集成』第二巻、風間書房、一九六一年、二三二頁）。現在一般には、一八六二（文久元）年に幕府が竹内保徳《やすのり》を正使として派遣した遣欧使節団の一員である市川清流（市川渡）が、見聞録の中で一行が訪れたイギリス・ロンドンのブリティッシュミュージアム（大英博物館）について記す際に「博物館」の表記を用いたのがはじめとされている（市川清流〔渡〕著、楠家重敏編訳『幕末欧州見聞録　尾蠅欧行漫録』新人物往来社、一九九二年、二一三―二一四頁）。なお、この遣欧使節団には福沢諭吉も加わっており、彼が後に著した『西洋事情』（尚古堂、一八六六年）の中で博物館を取り上げ、「博物館は世界中の物産、古物、珍物を集めて人に示し、見聞を博くする為に設るものなり」（初編、九四頁）と紹介をした。この本が当時のベストセラーになることによって、「博物館」という言葉は広く知られるようになったと言われている。

いずれにせよ、日本における「博物館」の概念は、幕末、実質的には明治以降になってはじめて存在するものだということになる。それ以前にも、物産品や古い物、珍しい物を集めて人に示すという行為は行われていて、たとえば、お寺や神社に奉納された品物が長きにわたって伝えられたり、貴族や武家、富裕な農民や商人のもとに書画骨董が代々蓄えられることはあった。しかし、これらは先に見た博物館の定義からすると性格の異なるものであり、現代の意味での博物館と呼ぶには無理がある。

このことを裏返せば、江戸期までのこうした行為には、明治以降の博物館活動にはない物との関わり方や、物を維持し、享受するための考え方や仕組みがあったということでもある。今日の博物館の概念は西洋近代という地域的・時代的な枠組みの中で形成されてきた価値観や文化的背景を負ったものであり、それが今日では世界中に広がっている。しかし物の収集や展示に関わる思考というものは、現在の博物館で見られるかたちを超えて広がっているのだ。

博物館をめぐるさまざまなイメージ

普段の会話や文章の中で、「博物館」という言葉は現実の博物館を指す以外に、比喩的な意味で用いられることもある。たとえば、本屋さんの棚に『恐竜博物館』という書名の本が置いてあるとしよう。この本は、実際に存在する「恐竜博物館」という名称の博物館を紹介した本である場合もあるだろうが、おそらくは恐竜に関するさまざまな知識を網羅的に解説した内容であることの方が多いだろう。対象となる事柄にまつわる幅広い情報を文章と図版によって説明した本には「○○博物館」という書名がとてもふさわしく感じられる。その理由は、その事柄の多様性を前提として、知識を体系的に言葉と視覚によって伝えるその手法が、実際の博物館の展示に通ずるからだろう。

中東に位置するレバノン共和国では、国民はさまざまな宗教の信者によって構成されている。スンナ（スンニ）派、シーア派、アラウィー派、ドゥルーズ派などのイスラム教諸派、カトリック、プロテスタント、正教会などのキリスト教諸派、ユダヤ教など多くの信仰が並存し、こうした状態からレバノンは「宗教の博物館」とも称されている。この場合は、そこで見て取れる事柄の多様性が「博物館」という形容を用いる拠り所になっている。また、各地で廃止となった路線から車両を引き取って運用している広島電鉄が「路面電車の博物館」と呼ばれるのも、同じく多様性の要素を備えているからだろう。この場合「博物館」であることは、貴重で興味深い事柄、その高い価値をあらわす形容となっている。

一方で「博物館」という言葉が否定的なニュアンスを帯びて用いられる場合もある。現在では国際宇宙ステーション（ＩＳＳ）の一部として運用されている日本の実験棟「きぼう」だが、二〇〇三（平成一五）年に起きたスペースシャトル・コロンビア号の事故の影響によって打ち上げの目処が立たない状態になった時には、「このままでは博物館行きになりかねない」という危惧の声がマスコミなどからあがった。この場合、行く先である「博物館」は、「歴史的な価値はあるものの、もはや現在の役には立たない代物が集まるところ」と見なされている。

ただ、こうした言葉の使い方から考えさせられることもある。実際に博物館に行ってみると、そこに陳列されている資料は、基本的に「よい物」「好ましい物」で構成されていることに気づくだろう。たとえば科学博物館では、科学技術の発展の歴史において画期的な役割を果たした発明品や、時代を象徴する製品が展示室の座を占めている。つまり、博物館を飾る品々は成功の証拠であり、未完成なものや失敗作、収集や展示の体系から孤立したものは、「博物館行き」にもなりにくいということだ。その点では「博物館行き」があらわす意味やその使われ方は、実際の博物館における資料の性格とはズレがあると言えるだろう。博物館に対する私たちのイメージと実際の博物館の姿とは必ずしも一致していない、ということを意識しておきたい。

博物館の広がり

日本が二〇〇七（平成一九）年に批准した「一九五四年ハーグ条約（武力紛争の際の文化財の保護に関する条約）」では、武力攻撃の対象とされない文化遺産として、遺跡や歴史的建造物の他に博物館などが位置づけられている。これに見られるように、博物館は現在の世界における聖域の一つとして広く認められていると言えるだろう。こうした非戦の地域は、歴史的には寺院や教会など宗教的な場所が担ってきたものだった。近年、博物館が元日から開館し、博物館への初詣を呼びかけていることとあわせ見ると、博物館が現代人にとっての新たな心の拠り所になりつつあることを示しているのかもしれない。

同時に博物館は、来館者にとって学習や鑑賞など本来の利用の場であるだけにとどまらない。たとえば、家族や友達と遊びに出かける場所であり、デートコースの一部でもある。館内のレストランで食事をしたり、ショップでプレゼントを探したり、あるいは単なる休憩やトイレを借りるだけの場所でもあるだろう。博物館前のベンチは、周辺のオフィスで働く人々の憩いの場所ともなっている。都市部にある博物館の豊かに植栽された敷地は都会の貴重な緑地となるだろうし、そこに来る鳥や昆虫にとっても得難い生息場所となる。地域の中では博物館は街のランドマークであり、周辺にギャラリーや書店、カフェなどが集まるきっかけになる。博物館を理解するには、そうした博物館の側が本来目的としていない使われ方や周辺への影響までも視野に入れてその姿を捉えていくことが大切だ。

ここまで、定義と種類、目的と機能といった観点から博物館を捉えてきたが、その姿は、これからもさらに変化し、多様なものとなっていくに違いない。その一方で博物館はつねに、収集と保存という行為によって未来へのタイムカプセルの役割を担いつづけている。アメリカの生物学者スティーヴン・ジェイ・グールドは、「科学や探検のロマンチックなイメージとは裏腹に、重要な発見の多くは炎熱のゴビ砂漠や凍てつく南極とは正反対の、博物館の引き出しでなされるものである」と語った（『フラミンゴの微笑』早川書房、一九八九年）。博物館そして美術館こそ、人類の知性と感性のフロンティアであることを心にきざみつけておきたい。

参考資料

1　『新しい時代の博物館制度の在り方について』文部科学省、二〇〇七年

2 『日本の博物館総合調査研究報告書』日本博物館協会、二〇〇九年

3 全日本博物館学会編『博物館学事典』雄山閣、二〇一一年

4 『博物館登録制度等に関する調査研究報告書』三菱総合研究所、二〇一一年

5 『平成25年度　博物館に関する基礎資料』国立教育政策研究所、二〇一四年

第3章　ミュージアムとミュゼオロジー

杉浦幸子

はじめに

皆さんは、今、世界にどのくらいのミュージアムがあるかご存知だろうか。世界中のミュージアムを紹介するレファレンスである“*Museums of the World*”の第四版（一九九二年）と第一九版（二〇一二年）に掲載された世界のミュージアム数を比較すると、約二万三〇〇〇館から五万五〇〇〇館と、二〇年間で二倍以上に増えている。その中でも、日本は、地域ごとに差はあるものの、全体として世界第三位のミュージアム大国として知られている。

この教科書を読んでいる皆さんの中には、こうした環境に身を置き、ミュージアム、その中でも特に美術館にさまざまな関心を抱き、それらを十全に機能させる専門家である学芸員資格を取得し、でき得ることなら美術館で実際に働いてみたいと考えている人も多いことと思う。

それを実現するためには、ミュージアムを、できるだけ大本から知ることが必要である。そのために本章では、ミュージアム、そしてミュージアムを研究する学問分野であるミュゼオロジーについての基本的知識をお伝えしたい。

具体的には、ミュージアムを学ぶ学問であるミュゼオロジーが、何を目的とし、どのように生まれ、何を学ぶ学問であるかを確認する。そしてその上で、私たちが日ごろ使い慣れているミュージアムの定義を確認し、ミュージアムがいつどのように生まれ、どういった経緯をたどり、現在に至っているかを、時間を縦軸に、西洋と日本という二つの空間を横軸に検討する。そして、それらを踏まえた上で、今、私たちが生きる激動の二一世紀の中で、ミュージアムとミュゼオロジーがどこに向かっていくのかを、皆さんと一緒に考えたい。

なお、近年、日本においては、ミュージアムへの興味、関心が増し、また二〇〇八（平成二〇）年の博物館法の改正も伴い、ミュージアムやミュゼオロジーに関する書籍が多数発刊されている。ミュゼオロジーの研究がヨーロッパではじまり、世界中でミュゼオロジーに関する研究が日々行われていることから、ミュゼオロジーについての情報、特に最新のものは外国語、特に英語で著されている場合が多い。日本語で書かれた文献を参照することはもちろんであるが、そのような英語の文献にもできるだけ接する機会をもって欲しい。そうした思いから、この章では、原文をそのまま提示し、筆者訳を併記する形式をとった個所がいくつかある。皆さん自身も、ぜひ訳出にトライして欲しい。

ミュゼオロジーとは――その定義と内容

「ミュゼオロジー」という言葉は、英語の〝museology〟をそのままカタカナにした言葉で、日本語では

「博物館学」と訳される。"museology"は、「ミュージアム」を意味する"museo"と、ギリシャ語で「話、言葉、論理」を意味する"logos"（ロゴス）から派生した接尾語"logy"から成る言葉である。この二つの言葉を合成して生まれたミュゼオロジーは、ミュージアムを科学的に論理づける学問であると考えられる。

ミュゼオロジーにとって、欠くことのできない重要なポイントが四つある。それは、ミュージアムにまつわる〈モノ〉〈人〉〈場〉、そして〈情報〉である。〈モノ〉はミュージアムをミュージアムたらしめる、収集されたモノ（コレクション）で、有形、無形、両方を含む。〈人〉は、博物館の機能を支えるミュージアム内部の人たちと、利用者、研究者、制作者といったミュージアム外部からミュージアムに関わる人が含まれる。〈場〉は、展示空間を含むミュージアム内の空間と、ミュージアムを取り巻く外の空間を含む。そして〈情報〉とは、さまざまなメディアを通して発信されるミュージアムの〈モノ〉〈人〉〈場〉に関する情報であり、五感を通して取得される。

ミュージアムそれ自身と、これら四つのポイントを科学的に研究する学問であるミュゼオロジーがカバーする範囲は幅広く、ミュージアムの定義と使命（ミッション）、歴史、種類、機能、対象者、運営、研究、保存・修復科学、法律や政策、組織や経済、建築、情報学など、多岐にわたる。ミュゼオロジーについて学ぶ際には、こうしたさまざまな分野を横断する学際的な研究であることを意識し、それらを常に有機的に繋ぎ合わせ、多角的に考える姿勢をもって欲しい。

ここで、フランスの博物館学者で、International Council of Museums（ＩＣＯＭ、イコム、国際博物館会議、本書一〇六頁も参照）の初代会長、エコミュージアムの概念を提唱したことでも広く知られる、ジョルジュ・アンリ・リヴィエールによるミュゼオロジー（博物館学）の定義を紹介しておく。

博物館学：応用科学、博物館の科学。博物館学はその歴史、社会における役割、特定の形態の調査・研究および物理的保存、活動および普及、組織および機能、新築された博物館あるいは歴史建造物を博物館化した建築、または指定・制定された考古遺跡、博物館の類型、および博物館専門職の倫理・行動規範・義務論を研究する学問である。

（大堀哲／水嶋英治『博物館学Ⅰ　博物館概論・博物館資料論』学文社、二〇一二年、一二頁）

また参考になる資料として、ＩＣＯＭのウェブサイトに掲載されている“Key Concepts of Museology”（ミュゼオロジーの基本概念）を紹介しておきたい。これは、博物館活動に携わる専門家が共通認識をもつことができるよう、ミュゼオロジーに関する二一の基本概念を世界八か国語で説明しているもので、二〇一〇（平成二二）年に発行された。日本語版は残念ながらないが、英語版を参考資料（一一四頁）に挙げたので、ぜひ参照して欲しい。

ミュゼオロジーの歴史

世界で最も古いミュージアムは、紀元前約五三〇年頃に、バビロニア王国（現在のイラク領）で、ナボニドゥス王の娘エンニガルディがメソポタミアの遺物を収集し、展示した「エンニガルディ・ナンナの博物館」と言われている。そこに展示された〈モノ〉には説明書きが付けられており、それを見る〈人〉たちに〈モノ〉についての〈情報〉を提供しようとしていたことがうかがえる。

ミュージアムが長い歴史をもつ一方で、ミュゼオロジーという言葉がはじめて登場したのは、二〇世紀初頭であった。この頃から、ドイツのミュンヘン大学や、チェコ共和国のブルノ工科大学で、ミュゼオロジーが教えられていたという記述があり、その後、さらに中欧、東欧において広がりを見せ、一九六〇年頃から、科学的に研究すべき独立した学問領域の一つであると見なされるようになった。また、先に挙げたリヴィエールのミュゼオロジーの定義は一九八一（昭和五六）年に書かれている。つまり、ミュゼオロジーという言葉は、まだ生まれてから一〇〇年程度しか経っておらず、ミュージアムとミュゼオロジーの間には、約二四〇〇年の隔たりがある。

このように、ミュゼオロジーの歴史は、研究対象であるミュージアムの歴史に比べて、非常に短い。しかし近年、ミュゼオロジーを一つの独立した科学的研究領域として研究する動きがさらに高まっている。

ミュゼオロジーは、これから研究を進めていく新しい分野であり、かつ、社会の変化に合わせて、常に変化している学問領域であることを意識したい。

ミュゼオグラフィと博物館工学

ミュージアムについて科学的に研究する領域として、「ミュゼオグラフィ museography」と「博物館工学 museum technology」を紹介しておきたい。

ミュゼオグラフィは、一七二七（享保一二）年に書かれた"*MUSEOGRAPHIA*"（Casper F. Neickel, Leipzig）にはじめて登場した言葉で、ミュゼオロジーより古くから使われている。"museo"に、「特定の手法などを使って表現すること」などを意味する接尾語"graphy"がついた言葉で、ミュージアムの活動について実践し、検証し、伝える活動を意味する。ミュージアムとは何かについて理論的に検証、解釈するミュゼオロジーに対し、ミュゼオグラフィは、ミュゼオロジーで検証された理論を、保存・修復、安全、展示、情報の取り扱いといった、実際の博物館活動において実践していく領域をカバーする。この両領域がミュージアムを支える両輪としてバランスよく研究されることが望ましい。

また"museum"に「科学技術」を意味する"technology"がついた「博物館工学」は、ミュージアム活動を、科学技術の視点から支援する領域で、特に博物館施設本体の設計、展示空間や展示什器の設計・製作、展示室や収蔵庫の環境整備などが含まれる。

一九八〇（昭和五五）年にInternational Committee for Museology（国際博物館学会議）が立てた、"Museology — Science or just practical museum work?"（ミュゼオロジーは科学か、それとも単なる博物館実務か?）という問いに対し、世界の博物館学者一五名がその答えを提示した。その一人、日本の博物館学者鶴田総一郎の答えを紹介したい。

I believe museology is a museum science, and efforts should be made in this decade, through international co-ordination and co-operation between museums and museum scientists, to develop the study of museology further.

私は、ミュゼオロジーは博物館の科学であり、博物館と博物館科学者の間の国際的な調整や協力を通して、この一〇年間、ミュゼオロジーの研究を更に発展させる努力がなされるべきであると信じている。（筆者訳）

今から三五年前には、博物館学の専門家たちが集まる国際的な団体において、未だこうした問いが立てられていた。ミュゼオロジーは約一〇〇年前に誕生してから現在まで急速に発展し、今も変化し続けている学問分野であることが、こうしたことからもわかるだろう。

ミュージアムの語源を辿る

博物館を意味する各国の言葉を見てみると、英語で“museum”イタリア語で“museo”、フランス語で“musée”、ドイツ語で“Museum”と、どの言葉も“muse”という語幹を共有する。この中で、最も早く歴史上に表れた言葉がイタリア語の“museo”であった。一五三六（天文五）年に、イタリアの医者であり人文学者であったパオロ・ジョヴィオがコモ湖に建てた別荘に集めた著名人の肖像画やアンティーク、また新世界からの収集品を“museo”と呼び、後にそこに〈モノ〉を保管する〈場〉という意味が付加された。

フランス語の“musée”は、一九世紀フランスの文法家ピエール・ラルースが編纂した『一九世紀世界大辞典』によると、「収集した芸術作品や、歴史的に、あるいは美学的、科学的に有意義な資料を保管し、またそれを展示してその価値を強調する施設」と説明され、この言葉が〈場〉を示すものであることがわかる。

これらの言葉の源は、紀元前、古代ギリシャで生まれた「ムーセイオン」（Μουσεῖον・ギリシャ、mouseion・ラテン、musaeum・英）に求められる。古典ギリシャ語辞書として知られる『リデル&スコット』（Liddell & Scott *"An Intermediate Greek-English Lexicon"*）は、ムーセイオンを「ムーサのための神殿」と説明している。「ムーサ」（Muse・英）とは、古代ギリシャの全能の神ゼウスと記憶の神ムネモシュネーの間に生まれた九人の女神たちである。カリオペ（叙事詩）、クレイオ（歴史）、エウテルペ（抒情詩）、タリア（喜劇）、メルポメネ（悲劇）、テルプシコホレ（舞踊）、エラト（歴史）、ポリュムニア（聖歌）、そして、ウラニア（天文学）というように、それぞれ九つの学芸分野を司っていた。この九人のムーサたちに捧げられた神殿であった古代ギリシャのムーセイオンは、後に音楽や詩の殿堂、そして学問の地として発展した。

古代ギリシャの哲学者プラトンは、紀元前三八七年に、青年たちに高度な教育を施すための初の教育機関であるアカデメイアをアテネに創立し、そこにムーセイオンを設けた。またここでプラトンの指導を受けた哲学者アリストテレスも、神学、修辞学、政治学の講義を行うリケイオンを創設した際、学園内にムーセイオンをつくっている。

その後つくられた中で特に有名なムーセイオンは、紀元前三世紀初頭のプトレマイオス朝エジプトにおいて、アレキサンドリアにつくられたムーセイオンである。アリストテレスのリケイオンを模したこのムーセイオンは、ヘレニズム世界の学術研究の中心地となり、ギリシャから招かれた学者たちが、文献学、天文学、物理学などの研究を進めた。

このように、ムーセイオンは学者たちが集まる場であったが、その後、動物や植物の標本、探検で集められた珍品といったモノの集まりを指すようになった。世界最初の大学博物館であるアシュモレアン

ウフィツィ美術館　イタリア・フィレンツェ

美術・考古学博物館（英）は、一六五六（明暦二）年に、コレクションの核をなす、ジョン・トラディスカントの収集物のカタログを発刊した。そのタイトルが『ムーセイオン・トラデスカンティアナム Musaeum Tradescantianum』であったこともその一つの表れと言えよう。

また、ミュージアムの中で特に美術作品を資料として扱う「美術館」という言葉についても確認しておきたい。特にここでは、「美術の博物館」を意味する“museum of art”ではなく、“gallery”という言葉を取り上げる。

『ウェブスターズ英英辞典』（一九一三年版）によると、gallery・英（galerie・仏、galleria・伊）は、「部屋と部屋をつなぐ細長い廻廊、廊下」と説明されている。この言葉が「美術館」を意味するようになったきっかけをつくったのは、一六世紀、ルネサンスの中心地であるイタリア・フィレンツェを支配していたメディチ家の一人であるコジモ一世であった。元々は彼の執務場所であり、現在、世界を代表する美術館の一つであるウフィツィ美術館となっているウフィツィ宮内の廻廊"galleria"に、コジモ一世は自分の所有する美術作品を展示し、そこを訪れる人々に公開した。そこから"galleria"という言葉が、美術作品、特に絵画作品を展示・公開する部屋、ひいては美術館を表す言葉として使われるようになったと言われている。

ミュージアムの歴史

近代以前——西洋編

①プライベートコレクションと中世の教会

ローマ時代に生まれた王侯貴族や荘園領主という特権階級の人々は、その権力と財力を活かし、絵画や彫刻、宝石や珍奇なものを集め、個人的なコレクションを形成した。彼は自らが住む邸宅の中に、それらを飾る部屋を設け、訪れる客人などに見せたりしていた。この空間は完全にプライベートな空間であり、集められた〈モノ〉がそこで研究されたり、公的に利用された様子はなかった。

その後、諸王国の基礎が築かれ、封建社会が確立した中世において、〈モノ〉と〈人〉の間に新たなつながりを生み出したのが、キリスト教会（以下、教会）であった。教会は、イエス＝キリストや聖母マリア、聖人の遺品または遺骨といった聖遺物を、教会の権威を正当化し、多くの巡礼者をひきつけ、また信者たちが難解な教えを理解し、聖人たちとのつながりを実感する機能をもった〈モノ〉として、収集した。そこにさらに信者からの寄進が加わった結果、多数の〈モノ〉が教会に集積した。そのように収集した〈モノ〉を、信者や巡礼者といった多くの〈人〉に公開し、教育的機能を果たしたという点で、中世のキリスト教会も、後のミュージアムの機能を一部有していたと考えることができるだろう。

②ルネサンス――大きな転換点

一四世紀にイタリアではじまり、その後ヨーロッパに波及していったルネサンス（フランス語で「復興」「再生」）は、それまで教会を中心としていた中世の世界観を離れ、古代ギリシャ・ローマ文化の復興と、人間性の解放と回復を目指す革新運動であった。イタリアにおいてこうした動きが生まれた背景には、フィレンツェ、ミラノといった都市国家が発達したこと、商業活動が活発化し、富が蓄積されるようになったこと、また王権が拡大したことで教会の分裂が起こり、その権威が低下したことなどが挙げられる。また一六世紀に入り盛んに遺跡発掘が行われ、古代ギリシャ・ローマ時代の遺物を人々が目の当たりにしたことも、その一因であると考えられる。

このような流れの中で重要なポイントとなったのが、ルネサンスが目指した「人間性の回復」であった。そこから、個人の意識や個性が非常に重要なものと見なされるようになり、それが〈モノ〉の収集にも反映されるようになった。その結果、数多くの個人コレクションが生まれたが、その中でも最も有名なものの一つが、先にも挙げたメディチ家のコレクションである。また、古代文明への傾倒から、それまで価値が見いだされることのなかった古い〈モノ〉に価値が見いだされ、収集が行われるようになった。さらに教会において人々の教化手段の一つと考えられていた絵画や彫刻に、それ自体の価値が見いだされるようになり、収集の対象となっていった。

③世界の広がり

一五世紀後半に訪れた大航海時代に、インド、アジア、そして新大陸と呼ばれるアメリカ大陸やオーストラリアから、それまでヨーロッパでは見られなかった新奇な〈モノ〉が持ち込まれた。そして、ルネサンスの波及により自然科学研究が進み、そこに合理主義が育った影響から、ヨーロッパの各地では〈モノ〉の分類、保管、研究が進められていった。

イタリアでは、先に挙げた、絵画や彫刻を展示するギャラリーに加え、ステュディオロ（studiolo・伊）という、一定の規則に基づいて絵画や珍しい〈モノ〉を美しく飾るための部屋が生まれた。一六世紀後半に、フランチェスコ一世・デ・メディチがヴェッキオ宮殿の中につくった、絵画に覆われたステュディオロがその代表的なもので、彼はそこで執務を行うこともあり、また錬金術にふけったり、集めた珍品を愛でたりしていたという。

ドイツでは、動物や植物の標本や実験道具、未知の土地の探検で集められた珍品などを収めた小さい空間「ヴンダーカマー（wunderkammer・独、驚異の部屋・日）」や「クンストカマー（kunstkammer・独、芸術の部屋・日）」が登場した。ヴンダーカマーは一八世紀以降廃れていくが、その一部は、アシュモレアン美術・考古学博物館や大英博物館といった、最初期のミュージアムのコレクションにつながっていく。

フランスでも、イタリアのステュディオロにあたる、エチュード（étude・仏、書斎・日）や、ドイツのヴンダーカマーにあたる、キャビネ・ド・キュリオジテ（cabinets de curiosités・仏、好奇の部屋・日）が生まれ、イギリスでもフランスのキャビネにあたる、キャビネット（cabinet・英、戸棚・日）がつくられた。

ヴンダーカマー（フェランテ・インペラート『自然誌』1599年より）

近代以前——日本編

日本において「博物館」という言葉が現れたのは江戸時代末期であり、日本に最初の博物館が生まれたのは一八七二（明治五）年と言われている。確かに、博物館の概念は、近世以降、特に江戸後期から明治初期にかけて、西欧から日本にもたらされたものであったが、それ以前の日本には、博物館に類するものはあったのであろうか。ここでは、奈良時代から江戸時代末期までの日本における博物館の前身を概観したい。

①正倉院と寺社

集められた〈モノ〉を保管・保存する機能をもつことから、世界最古のミュージアムと見なされるものが日本に存在する。それが、奈良時代に建造された東大寺正倉院（奈良県）である。七五六年（天平勝宝八歳）、光明皇后が聖武天皇の七七忌（四九日）にあたり天皇の冥福を祈り、東大寺の本尊盧舎那仏に奉献した天皇遺愛の品々と薬物を収めるために建てられたのがはじまりで（光明皇后による奉献は前後五回）、それらの奉献品に加え七五二（天平勝宝四）年の大仏開眼会で用いられた品など、多くの宝物が厳重に保管されて今に伝えられている。降水量が多く、湿度が高い日本の風土でも、なるべくよい状態で〈モノ〉を保管できるように、通気性や調湿性がよいとされる高床式の校倉造りで建てられている。

中世のヨーロッパにおいて、〈モノ〉の収集とその保管に大きな役割を果たしたのはキリスト教会だったが、日本において長い間同様の役割を果たしてきたのが寺社であった。寺社には、民衆の教化のために集められた仏像や仏画、宝物、そして功徳を求める民衆の寄進によって、多くの〈モノ〉が集積し、現代まで大切に保管されてきた。

有名なものとしては、高野山総本山金剛峯寺（和歌山県）、中尊寺（岩手県）、武具のコレクションで知られる大山祇《おおやまづみ》神社（愛媛県）などが挙げられる。九世紀に開創した高野山は一二世紀にわたり数多くの宝物を集めており、二〇〇四（平成一六）年にはユネスコの世界文化遺産に指定された。現在、国宝二一件、重要文化財一四三件を含む五万点を超える収集品が、一九二一（大正一〇）年に建てられた宝物館に納められている。

また、同じく九世紀に岩手県平泉に開かれた天台宗東北大本山である中尊寺も、国宝建造物第一号の金色堂をはじめとする国宝、重要文化財を含む、建築、絵画、工芸、彫刻など各分野にわたる多くの収蔵品を現在まで保管してきた。二〇一一（平成二三）

正倉院宝庫

年には「平泉の文化遺産」として世界文化遺産に登載されている。

②〈モノ〉を見せる〈場〉

鎌倉時代以降、寺院の本尊やそこに集められた宝物を、一般に功徳《くどく》を施し教化するために、そして後には収益を得るために、期間を限定して公開するようになった。これを「開帳《かいちょう》」と呼ぶ。毎年特定の日に行われるものや、数年から数十年の周期で行われるものもあり、その周期は寺院によってさまざまであった。〈モノ〉が保管されている場所で行われる開帳を「居《い》開帳」、離れた場所に〈モノ〉をもっていき公開する開帳を「出《で》開帳」として区別した。江戸時代に入ると、開帳は興行的に行われるようになり、境内には露店や見世物などが並ぶ、一つの娯楽の場ともなっていった。

現在も続く開帳として、長野県の善光寺で七年に一度行われる「善光寺前立本尊《まえだちほんぞん》御開帳《ごかいちょう》」がある。秘仏である本尊と同じ姿の前立本尊を公開するもので、二〇〇九（平成二一）年の御開帳には六七三万人が参拝した。

寺社に納められ、一般に公開された〈モノ〉として、もう一つ挙げられるのが「絵馬」である。奈良時代には祈願のために生きた馬を神馬として神に奉納していたが、馬は高価で、世話も大変だったため、生きた馬の代わりに馬の人形を、そして平安時代以降は板に馬を描いた絵馬を納めるようになっていった。絵馬には、板絵馬、屋根型の小絵馬、著名な画家によって描かれた大型の額絵馬（大絵馬）があり、この額絵馬を納め保存するためにつくられた〈場〉が絵馬堂である。

成立年代を知り得る最古の絵馬堂は、一六〇八（慶長一三）年、豊臣秀頼により北野天満宮（京都府）に建立された絵馬所で、その後一七〇〇（元禄一三）年の社殿大修理に伴う再建などを経て現在も残っている。絵が描かれた絵馬を展示し、参拝客が自由に出入りし、鑑賞した場所という点から、絵馬堂を美術館の前身と見ることもできよう。

時代が進むと、開帳や絵馬堂といったパブリックな場だけでなく、個人的に〈モノ〉を見せる〈場〉も生まれた。その一つが、寺院や武家につくられた「書院」である。もともとは僧侶の私室であったが、後に武家や公家の邸の居間兼書斎も書院と呼ぶようになり、儀式や接客のために使われた。室町時代に入ると、書院造りの広間に棚、床、付け書院といった装飾をつけ、そこに掛物や香炉、花瓶、燭台、香合といった茶道具を飾り来客に披露する「書院飾」が流行した。一五世紀に足利義政の同朋衆《どうぼうしゅう》であった能阿彌《のうあみ》がはじめ、その孫相阿彌《そうあみ》によって完成されたと言われている。

また室町時代に普及した茶の湯では、「拝見」と言われる作法が生まれた。客は席中に入り、軸や花や花入れ、釜や炉中、炉縁を拝見し、お茶をいただいた後に茶席で用いられた茶器を拝見する。亭主が客のために自分のコレクションから選んだ茶器などの〈モノ〉を、茶席というプライベートな〈場〉で見せる。こうした〈モノ〉を見せる行為には権力や財力の誇示という面もあったと思われるが、来客をもてなすという〈人〉のためという視点も見いだされる。

江戸時代に入ると、庶民の生活を題材とした浮世絵が登場した。初期の浮世絵は肉筆で描かれた一点物であったが、その後、版画となり廉価に大量生産され、「画肆《がし》」と呼ばれる販売店で売られるようになった。「肆」は「横に長い」「横に長く並べる」の意から「品物を横に並べて見せる店」という意味をもつ。ここでは、一般の〈人〉が、店頭に並べられたさまざまな種類の浮世絵を自由に見て、選び、買うことができた。画肆がもつこれらの機能は、現代のギャラリーに通じるものがあると言える。

③現代的博物館の萌芽

江戸時代には、現代の博物館の萌芽と言える「物産会《ぶっさんえ》」が行われるようになった。薬品会、本草会、博物会などとも呼ばれる物産会は、薬となる植物「本草《ほんぞう》」について研究する「本草学」の成果を見せる一種の展示会である。一七五七（宝暦七）年に本草家の田村藍水《らんすい》と彼の弟子である平賀源内が行った薬品会が日本初の物産会とされる。その後は源内が中心となり、全国二五か所に産物取次所を設け、それにより、地方の物産が幅広く大量に集められるようになった。

物産会では、薬草や動物、鉱物の標本、古物といった〈モノ〉に関する知識と理解を深めることを目的に、収集、保管、展示、公開がなされ、さらには、展示された〈モノ〉の解説を行ったり、解説書を出版するといった教育活動も行っていた。

このように、〈モノ〉を収集、保管、研究し、展示・公開し、人に伝える機能をもった物産会は、現代の博物館の先駆けと言えるものである。ただ一点、博物館と異なるのは、博物館が常設的な活動を行う固定された〈場〉をもつのに対し、物産会は恒久的な〈場〉はもたず、先に挙げた「開帳」同様、期間限定の特別な催し、企画展という色合いが濃いものであった点である。

近代以降――西洋編

ここまで、古代以来、〈人〉がさまざまな形で〈モノ〉を集め、特定の〈場〉に保管・保存し、他の〈人〉にそれらを見せるという、現代のミュージアムに通じる活動が、西洋と日本においてどのように生まれてきたかを見てきた。それらと現代のミュージアムを比較すると、前者に決定的に欠けている点が見えてくる。それは、ミュージアムに関わる〈モノ〉〈人〉〈場〉〈情報〉を、生きるための「資源」として主体的に活用する存在である。理論的には、世界を構成するすべての人が、主体的にミュージアムを活用する〈人〉となり得る。この場合のすべての人とは、近代に登場した「公共＝パブリック」という概念から生み出された「市民」と呼ばれる人々であると考えられる。

この項では、西洋の国々で、いつ、どのように「公共」と「市民」の概念が生み出され、そこから現代のミュージアムの原型が生まれたのか、そしてそれがどのように発展し、現在に至っているのかを見ていきたい。

公共＝パブリックの概念とミュージアムの誕生

「公共＝パブリック」の概念は、中世以来続いた封建社会が、一八世紀後半に起こった市民革命によって崩壊し、その後登場した近代社会において生まれた。近代社会において、人々は封建的身分制度から解放され、新たに生まれた社会の構成員、自由で平等な存在である「市民」になった。新たに生まれた市民はみな等しく教育を受ける権利があり、政府は彼らに公教育を提供する義務があることが強く認識された。こうした変化の中で、それまでプライベートな存在であった〈モノ〉が「公共財」と捉えられるようになり、すべての市民を対象に〈モノ〉を活用した教育活動を行う〈場〉としてミュージアムの原型が生まれた。

ここでは、近代市民社会におけるミュージアムの誕生を、次の三つの国から見ていきたい。

・イギリス

一六八三（天和三）年、世界初の大学博物館であるアシュモレアン美術・考古学博物館がイギリス・オックスフォードに開館した。この博物館は、園芸家・探検家のジョン・トラディスカントが集めた動物標本、地質標本、書物、版画、古銭などを引き継いだエリアス・アシュモールが、それらに自分のコレクションを加えてつくった「ヴンダーカマー（驚異の部屋）」

アシュモレアン美術・考古学博物館　イギリス・オックスフォード

〈八九―九〇頁参照〉を、一六七七（延宝五）年にオックスフォード大学に寄贈したことから生まれた。この博物館は、〈モノ〉保管するだけでなく、開館当初から一般に向けて公開し、〈モノ〉を市民の利用に供した〈場〉という点で、近代的ミュージアムの萌芽と見なされる。

その後一八世紀に入り、世界初の公的ミュージアムとして誕生したのが、世界最大のミュージアムの一つ、大英博物館である。書物、手稿、版画、図面、植物標本、動物標本、メダル、硬貨などからなるコレクションをつくり上げたのは、ジョージ二世の侍医《じい》で、博物資料や古美術の大収集家であったハンス・スローン卿である。彼は生涯を通じて七万点を超える膨大な資料を集め、彼の死後それらを保管し、一般に公開する場所をつくることを条件に、ジョージ二世に売却した。それを受けてイギリス政府は、一七五三（宝暦三）年に大英博物館を開館し、一七五九（宝暦九）年に一般にコレクションを公開した。開館当初、その見学は許可制で時間も制限されていたが、入館料は無料であり、「すべての学ぶ意欲と好奇心がある人々」に〈モノ〉から学ぶ機会が提供され、年間五〇〇〇人の来館者が訪れたという。

・フランス

長く王政が続いたフランスでは、アメリカ独立革命とルソーなど啓蒙思想家たちの影響を受けて、一七八九（寛政元）年にフランス革命が起こった。これにより、王族、貴族、聖職者といった封建的な支配層が崩壊し、自由で平等な市民による民主的国家が生み出された。同年に公布されたフランス人権宣言では「自然権」が規定され、すべての人が教育を受ける権利があることが明らかにされた。

このような社会の変化の中で生まれた世界最大級のミュージアムが、ルーヴル美術館である。フランス王フィリップ二世が一二世紀に建設したルーヴル城を増改築し、フランス王宮として使用されていたルーヴル宮殿が、一七世紀後半にルイ一四世がヴェルサイユ宮殿に王宮を移したことにより、歴代のフランス国王が収集してきたコレクションを収蔵し、展示する場所となった。一七九二（寛政四）年のルイ一六世の投獄により国有財産となった〈モノ〉を公教育に活用するために、憲法制定国民議会が、ルーヴル宮殿という〈場〉に一七九三（寛政五）年に開館したのがルーヴル美術館である。

その後もコレクションは拡大を続け、現在では、先史時代から一九世紀におよぶ三八万点を超える規模となり、二〇一三（平成二五）年には、年間九三〇万人を超える世界一の入場者を迎えている。

またルーヴル美術館は、国内に留まらず世界的なミュージアム活動を展開し、二〇〇七（平成一九）年に、アラブ首長国連邦のアブダビに別館を建設すると発表した。このミュージアムには「ルーヴル・アブダビ」という名称がつけられ、三〇年間その名称を使用する契約に八億円以上の金額が支払われた。現在計画が遅れ、開館は当初予定されていた二〇一二（平成二四）年から二〇一五（平成二七）年以降へ後ろ倒しになると言われているが、新美術館には、ルーヴルの他、ポンピドゥー・センター、オルセー美術館など、フランスを代表する他のミュージアムのコレクションも貸し出され、展示公開される予定である。

・アメリカ

一八世紀後半にイギリスから独立し、近代国家となったアメリカでは、長い歴史を背景に多様なコレクションを生み出してきたヨーロッパとは異なる経緯で、ミュージアムが生まれ、発展してきた。

王侯貴族が存在しないアメリカでは、ミュージアムの多くが新しく生まれた共同体の成員である市民、また彼らが生み出した企業や財団によって設立された。それらのミュージアムが目指していたのは、新天地を求め移住してきた多くの移民に、収集した〈モノ〉を使って共同体の一員となるための教育を施し、国家の基盤をつくり上げることであった。

その最も早い例であるアメリカ自然史博物館は、第二六代アメリカ大統領であるセオドア・ルーズベルトの父たちによって、一八六九（明治二）年にニューヨークに開館した。翌一八七〇（明治三）年には、アメリカに国際規模の美術館を建設したいと考える財界人たちによって、メトロポリタン美術館がニューヨークに開館した。その他にも、スミソニアン博物館（一八四八年開館）、ボストン美術館（一八七六年開館）などが初期のミュージアムの例として挙げられる。

近代以降——日本編

奈良時代につくられた東大寺正倉院にはじまり、日本でもさまざまな形で〈モノ〉〈人〉〈場〉をつなぐミュージアム的なものがあることを見てきたが、現代のミュージアムの原型が生まれるのは、やはり近代を迎えてからのことであった。ここでは、幕末から明治初期にかけての博物館黎明期を概観したい。

①博物館という言葉の登場

「博物館」という言葉は、日米修好通商条約の批准書を交換するために、一八六〇（万延元）年にワシントンを訪れた遣米使節団に随行していた通詞の名村元度《もとのり》が書いた『亜行日記』の中に、はじめて登場した。彼が「博物館」と訳したのは、パテント・オフィス（特許局）で、そこには、武器、農具などの模型や、鳥獣のはく製などが展示してあり、その様相は今の博物館を彷彿とさせるものであった。

その後、一八六二（文久元）年に江戸幕府が派遣した遣欧使節団に随行した市川清流は、ロンドンの大英博物館を訪れ、日録にMuseumを「博物館」と記した。

同年（ただし和暦では文久二年）に幕府の通詞堀達之助が、日本初の本格的な英和辞典『英和対訳袖珍辞書』を編纂した。そこで、「museum」という単語が取り上げられているが、「博物館」という訳語は登場せず、「学術ノ為ニ設ケタル場所　学堂書庫等ヲ云フ」と説明されている。その一〇年後、一八七二（明治五）年に、開拓使仮学校（後の札幌農学校）の生徒のために発行された『英和対訳辞書』（開拓使辞書、荒井郁之助編）に、はじめて「museum」の訳語として「博物館」という単語が登場した。

日本の一般的な人々にはじめて博物館の存在を広く知らせたのは、市川と同じ遣欧使節団に通詞として随行していた福沢諭吉である。彼は、帰国後の一八六六（慶応二）年に『西洋事情』を著し、「前条ノ如ク各国ニ博物館ヲ設ケテノ古来世界中物品ヲ集メ（以下略、傍線筆者）」と、〈モノ〉を集めた〈場〉として博物館を紹介した。二〇万部以上売れたこの本によって、欧米には〈モノ〉を集めた〈場〉である「博物館」というものがあることが広く一般に知られるようになった。

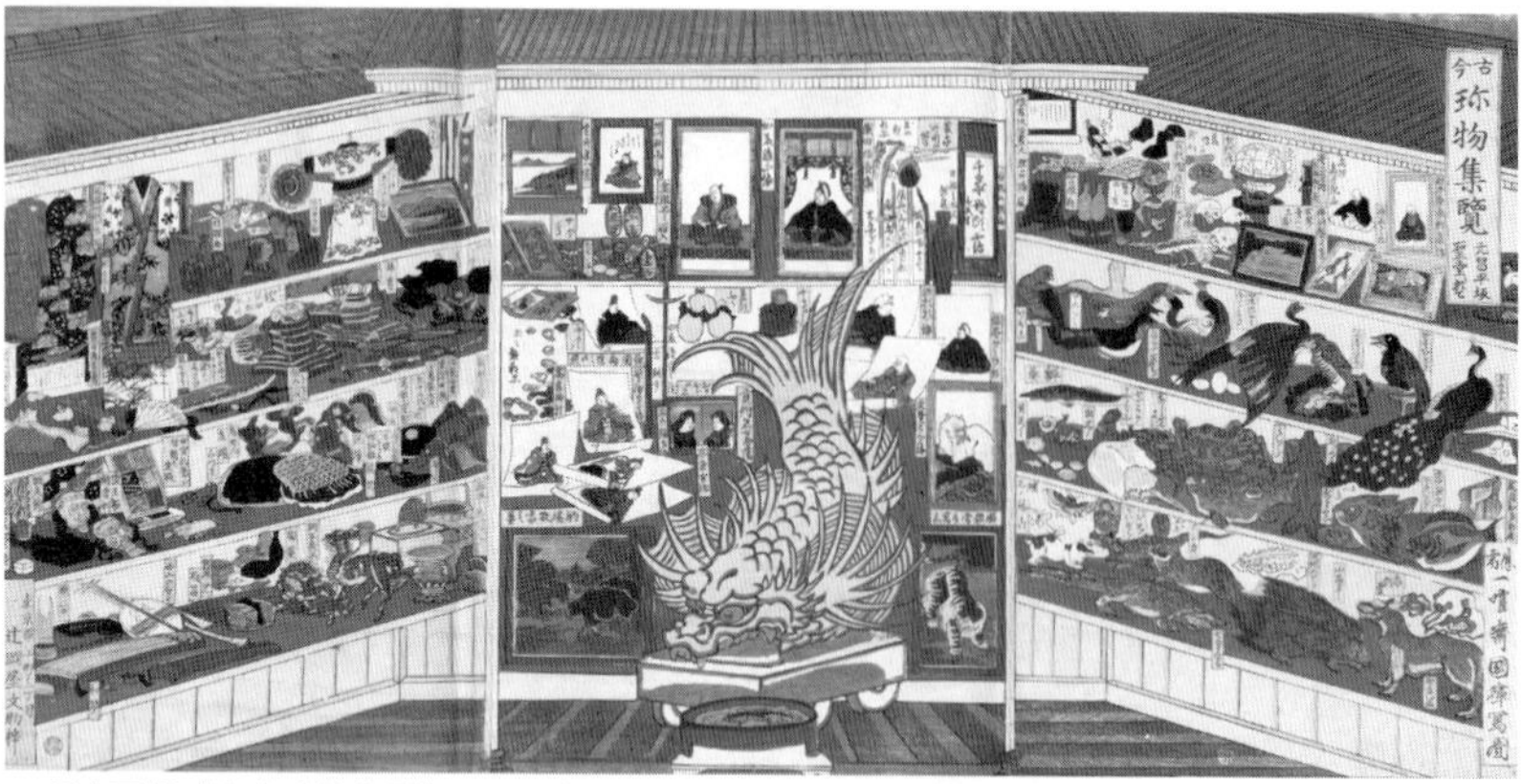

一曜斎国輝《古今珍物集覧》1872（明治5）年の湯島聖堂博覧会の陳列図。（東京国立博物館蔵）
Image: TNM Image Archives

このようにして、「博物館」という言葉と概念は、幕末から明治初期にかけて、海外を訪れた日本人たちによって日本に持ち込まれた。

なお、"museum"に「博物館」という言葉があてられた理由には諸説あるが、「博＝広く知る」から「モノを広く知る」という意をもつ「博物」という言葉に、建物を表す「館」をつけ、"museum"＝「モノを広く知ることのできる建物」としたのではないかと考えられる。

②博覧会から博物館へ

時代が明治に変わると、日本を欧米の列強に伍す近代国家とするために、明治政府は産業の近代化、殖産興業を急速に推し進めた。そのために有効な手段の一つとして考えられたのが「博覧会」であった。

日本初の博覧会は、殖産興業を推進する部署として、一八七〇（明治三）年に大学南校に設置された物産局によって計画された。しかし、この計画は、一八七一（明治四）年に大学南校が廃止され、物産局が文部省博物局に改まった慌ただしさから中止となり、はじめての博覧会は、翌一八七二（明治五）年に湯島聖堂の大成殿で開催された。

一八七三（明治六）年のウィーン万国博覧会に出品するために全国から集められたさまざまな〈モノ〉が、ガラスの陳列ケースに展示されて大きな話題を呼び、総数一五万人、一日平均約三〇〇〇人が足を運んだ。日本を代表する博物館である東京国立博物館は、日本政府によるこの最初の博覧会が行われた一八七二年を、日本における博物館の創立、開館の時としている。

こうした一連の動きに大きな役割を果たしていた人物が二人いた。一人は、薩摩藩からイギリスに留学し、後に東京帝室博物館（現東京国立博物館）の初代館長となる町田久成、もう一人は江戸幕府の役人として一八六七（慶応三）年にパリ万国博覧会に派遣され、その後湯島聖堂の博覧会を行った田中芳男である。当時の最新の博物館事情に直接触れてきたこの二人の尽力により、日本における近代的な博物館設立の動きが現実のものとなった。

町田久成（1838-1897）
Image: TNM Image Archives

博物館は、一八七三年のウィーン万国博覧会への出展準備のために設置された「墺国博覧会事務局」などと合併して、内山下町（現在の日比谷）に移転し、古器物・動物・植物・鉱物・農業・舶来品などを展示した。博物館は殖産興業の一つの手段であるという考えから、管轄が文部省から、殖産興業を担当する内務省に移った。

墺国博覧会事務局副総裁であった佐野常民は、万博から帰国後、一八七五（明治八）年に『博物館設置ニ関スル意見書』を著し、「眼目ノ教」、つまり、直接見ることにより知識や技術を習得する殖産興業のための教育機関として博物館を捉え、その設立を国に提言した。

こうした流れの中で、殖産興業を一層推し進めるために内務省が開催したのが、万国博覧会の国内版とも言える「内国勧業博覧会」であった。一八七七（明治一〇）年に開催された第一回内国勧業博覧会は、国内のさまざまな〈モノ〉を上野寛永寺本坊跡地（現東京国立博物館）に集めて展示した。そこには、集められた美術品を見せる〈場〉として、日本ではじめて「美術館」の名称を冠した建物も建設された。一八八一（明治一四）年に行われた第二回内国勧業博覧会では、第一回内国勧業博覧会で建てられた美術館の正面に、建築家ジョサイア・コンドルが設計した博物館本館が建てられ、翌一八八二（明治一五）年に、恒久的に〈モノ〉を保存、展示する施設として開館した（美術館は博物館二号館となる）。この間、博物館の管轄は内務省から農商務省（一八八一年）へと移っているが、殖産興業の手段としての博物館の性質は受け継がれた。

殖産興業を旨とした内務省系の博物館に対し、文部省を管轄とした博物館の流れも存続した。湯島で行われた博覧会は、終了後も定期的に一般に公開されていたが、学校教育のためとして文部省に戻り、東京博物館と改称した。その後、一八七七年に上野に移転し、教育博物館として開館した。学校教育のために

三代歌川広重《東京上野公園　内国勧業博覧会　美術館荘飾之図》（東京都江戸東京博物館蔵）
Image: 東京都歴史文化財団イメージアーカイブ

三代歌川広重《東京名所　上野公園　内国勧業第二博覧会美術館図》（東京国立博物館蔵）
Image: TNM Image Archives

カナダの教育博物館をモデルにつくられたこの博物館は、後に現在の国立科学博物館となった。

近代国家としての形が次第に整えられ、国の関心も内国の充実に向かうにつれ、博物館に期待される役割も、殖産興業のための手段から、近代国家にふさわしいステイタスシンボルへと移っていった。その流れの中で、内務省系の博物館は、一八八六(明治一九)年に宮内省の管轄に移り、一八八九(明治二二)年に帝国博物館と名称を変更する。この時、帝国奈良博物館、帝国京都博物館も設置された。これらは、日本のステイタスを示すような歴史資料や古美術品の収集・保存に力を入れ、美術系博物館への道を歩むことになる。

変化するミュージアムとミュゼオロジー——ＩＣＯＭの定義から

ここまで、ミュージアムのあるべき姿を理論的、実践的に探求し、それらが直面する問題を科学的な視点も交え解決することを目指すミュゼオロジーと、その対象となるミュージアムについて、〈モノ〉〈人〉〈場〉〈情報〉という四つのポイントから考察してきた。長い歴史を辿り変遷してきた、社会的装置であるミュージアムに対し、それを研究対象とするミュゼオロジーは、まだ生まれたばかりとも言える学問である。しかし、二〇世紀中頃以降、ミュージアムとそれらを取り巻く社会の変化を受け、急速に学問としての体系化が進み、今現在も日々変化し、進化している。

そこで、この章を締めくくるにあたって、International Council of Museums（ＩＣＯＭ、イコム、国際博物館会議）が定めているミュージアムの定義を皆さんと一緒に確認したい。

ＩＣＯＭは、地球規模でミュージアムとミュージアム専門家を代表する団体として、第二次世界大戦後、一九四七〔昭和二二〕年に、国際連合教育科学文化機関（ユネスコ）の一部として創設された、国際的な非政府機関（ＮＧＯ）である。パリに本部を置き、二〇一四〔平成二六〕年現在、世界一三七か国（地域を含む）から約三万人のミュージアム専門家が参加している。

世界的なネットワークの構築と協働プログラムの実施を通し、ミュージアム活動の専門的かつ倫理的な基準を確立し、ミュージアム活動に関する事項に助言を行い、研修を実施し、専門家がもつべき知識レベルを上げ、公的な文化的認知度を上げることを目的とする。三年ごとに世界各地で世界大会を開催し、二〇〇四〔平成一六〕年には韓国の首都ソウルで、アジア初の大会（第二一回）が開かれた。

ＩＣＯＭは、一九四六〔昭和二一〕年設立時に、ミュージアムとは何かを定義し、現在までその定義を七回改訂している（一九五一〔昭和二六〕年、一九六一〔昭和三六〕年、一九七四年〔昭和四九〕、一九八九〔平成元〕年、一九九五〔平成七〕年、二〇〇一〔平成一三〕年、二〇〇七〔平成一九〕年）。

一九四六年に作成された一番最初のミュージアムの定義は次のようなものであった。

The word〝museums〟includes all collections open to the public, of artistic, technical, scientific, historical or archaeological material, including zoos and botanical gardens, but excluding libraries, except in so far as they maintain permanent exhibition rooms.

『博物館』という言葉は、公衆に公開された、美術的、工業的、科学的、歴史的、また考古学的な物すべての収集を含み、そこには動物園や植物園は入るが、図書館は、常設的な展示室を維持しているもの以外は除く。（筆者訳）

ここでは、ミュージアムの対象者や対象物は設定されているが、機能については収集と公開のみが挙げられ、その対象も大きく「物」とされ、収集と公開以外の博物館の機能はまだ挙げられていない。また常設機能がある図書館をミュージアムと定義している点が特徴である。

そして、現在最新の定義としてICOM Statutes（ＩＣＯＭ規約）に記載されているのは、二〇〇七年にウィーンで行われた第二二回大会で改訂されたものであり、ＩＣＯＭ国内委員会の一つとして一九五一年に設立されたＩＣＯＭ日本委員会は、これを次のように訳している。

A museum is a non-profit, permanent institution in the service of society and its development, open to the public, which acquires, conserves, researches, <u>communicates</u> and exhibits the tangible and intangible heritage of humanity and its environment for the purposes of education, study and enjoyment.（傍線筆者）

博物館とは、社会とその発展に貢献するため、有形、無形の人類の遺産とその環境を、研究、教育、楽しみを目的として、収集、保存、調査研究、普及、展示をおこなう公衆に開かれた非営利の常設機関である。（傍線筆者）

この定義を私なりに、より原文に則して訳したものが次の文章である。

博物館とは、公衆に開かれた、社会とその発展に寄与する、非営利かつ常設の機関である。それは、有形、無形の人類の遺産とその環境を、研究、教育、楽しみのために、収集し、保存し、研究し、伝達し、展示する。（筆者訳）

一九四六年の定義と比較してみると、この最新の定義では、ミュージアムの目的、対象物、対象者、機能が、非常に簡潔に説明されている。

一方、ＩＣＯＭ日本委員会の訳と筆者訳を比較してみたい。後者では、関係代名詞 which でこの文を二つに分けることで、この定義が二つの内容から成り立っていることがよりわかるようになり、特に前者ではどこにかかるか曖昧な「社会とその発展に貢献するため」という副詞的な部分を、原文のまま形容詞的に訳出し「機関」にかかることを明確にしている。

また、もう一点重要なのが、原文で傍線をつけた〝communicates〟を、前者は「普及」と訳し、後者は「伝達」と訳している点である。〝communicate〟という言葉は、『ケンブリッジ英英辞典』によると、〝to share information with others by speaking, writing, moving your body, or using other signals〟（話すこと、書くこと、体を動かすこと、他の信号を使うことによって、他者と情報を分け合う・共有すること）と説明されている。一方「普及」は、『大辞林』（第三版）によると「広く行き渡らせる」という意味をもつ。「普及」という言葉がもつニュアンスは、〝communicate〟の意味する「分け合う、伝える」のフラットな意識とは異なり、「何かがあるところからないところへ広く行き渡らせる」という高低差のある意識を感じさせる。

どちらが正解、と言うことは難しいが、外国の概念を日本に導入する際の外国語の訳出には、どういった日本語を選ぶかで伝わる意味が変わる問題が常につきまとう。そのため、与えられた訳文を無批判に受け入れるのではなく、できるだけ原文にあたり、自ら訳出してみて、ダブルチェックすることが大切である。

こうした定義の変遷について、ＩＣＯＭのウェブページはこう述べている。

The definition of a museum has evolved, in line with developments in society. Since its creation in 1946, ICOM updates this definition in accordance with the realities of the global museum community.

博物館の定義は、社会の発展に即して徐々に発達している。一九四六年の創立以来、ICOMは、世界的な博物館コミュニティーの現実に合わせて、この定義を更新している。(筆者訳)

この六〇年間に更新されたICOMの定義を詳細に検討、比較することで、ミュージアムの定義、つまりミュージアムに対する私たちの認識が大きく変化したこと、そしてICOMがそれを深く実感し、常に真摯にミュージアムに向き合おうとしていることがわかる。

最後に、ミュージアムが時代と社会に合わせて刻々と変化する機関と考えた時、最新の定義の中で着目したい言葉が二つある。一つが"non-profit"、もう一つが"permanent"である。

日本語で「非営利」を意味する"non-profit"は、一九七四年に行われた三回目の改訂で定義に登場した。そこには、ミュージアムが果たすべき機能を果たすために「営利」の視点を入れない、という気持ちが表れていると考えられる。しかし、二〇世紀後半から営利を目的とする私企業も、「企業の公的責任」"Corporate Social Responsibility"を強く意識するようになり、商業活動を行いながら社会に貢献する時代に入っている。

また、日本語では「常設の」と訳される"permanent"は、最初の定義に表れ、現在まで残っていることから、ミュージアムの定義の中でも非常に重要な概念であると考えられる。その一方で、現在、ミュージアムで行われる展覧会を見てみると、大きく分けて、所蔵するコレクションを常時展示する「常設展」と、期間を限定し、借用した作品も含み実施される「企画展」の二つがある。「企画展」はさらに、ミュージアムが自主的に企画するものと、外部の機関が企画した展覧会を購入し、ミュージアムは展示・運営を行うものの二つに分かれる。つまり、現代のミュージアムは、「常設」という言葉ではくくりきれない活動も含む方向に変化している。

時代と社会の変化に密接に関連するこの二つの言葉は、ミュージアムの定義を考える中で、ディスカッションの対象となる可能性があると考えられる。現在の定義がさらに改訂されるかはわからないが、注意深く見守っていきたい。

まとめ

先日、大学院生とミュージアム遠足で訪れた根津美術館（東京都港区）で「カラフル――中国・明清工芸の精華」展を見た。その時、来館されていた年配の男性が、同伴していた女性にふと漏らした「やっぱり中国はすごい」という一言が耳に入った。

その展覧会では、根津美術館が収蔵する中国の明時代から清時代までの工芸品コレクションから選ばれた、中国の高度に発達した技術により生み出された色鮮やかな約八〇点の工芸作品が展示されていた。この男性は、作品という〈モノ〉と、それが発信するさまざまな〈情報〉を、それらを生み出した中国という国を判断する一助にしていた。彼の一言から、〈モノ〉がもつ力の一端が垣間見えた。

インターネットの普及や交通手段の発達により、高度に多様化・複雑化し、変化のスピードが加速化し、距離や空間の感覚が大きく変化した現代社会において、ミュージアムも多様に変化し、解釈され、新たな機能をもつプラットフォームへと変化している。ミュージアム活動の出発点である〈モノ〉の評価や解釈も、時代の変化に伴い、変化し、ますます多様になっていく。そして〈モノ〉を収集し、保存・修復し、研究・調査し、それを伝達するという、基本的なミュージアムの機能がますます重要性を増していく。

ミュージアムは、人間の本質的な欲望の一つである「所有欲」、つまり、〈モノ〉を「自分が所有したい、もちたい」という欲望と密接に関係していると筆者は考える。何らかの〈モノ〉をもちたいという気持ちから「収集」を行い、集まった〈モノ〉を大切に「保存」し、もし壊れていた場合は「修復」し、その〈モノ〉のことを知るために「調査・研究」し、〈モノ〉とそれらが発信する〈情報〉を〈人〉に「伝達」し、「展示」を行う。そしてこれらの活動を行う〈場〉が必要となり、それを生み出す。

このように、人の根源的な欲望が〈モノ〉〈人〉〈場〉〈情報〉を有機的に結びつけたところに生まれたミュージアム、そしてミュージアムを解明する学問であるミュゼオロジーは、社会の変化に合わせ、刻々と変化し続ける。これからのミュゼオロジーは、皆さん自身がミュージアムの変化の現場を観察し、体験し、そして実際にミュージアム活動に関わることから紡ぎだされる。

参考資料

この稿を書くにあたって、最も参照したのは、International Council of Museums のウェブサイトである。過去および最新のミュージアム、ミュゼオロジーの情報は、ここから得ることができる。英語で発信された情報が日本語になるには、翻訳というプロセスを踏む必要からタイムラグが出るので、日進月歩のミュゼオロジーの世界に携わるためにも、できる限り自ら元情報にあたって欲しいと思う。

なお、ここで紹介するウェブサイトは、二〇一五年一月現在、閲覧が可能なものである。

・International Council of Museums：
http://icom.museum/

・ICOM Statutes：
http://icom.museum/the-organisation/icom-statutes/

・"Key Concepts of Museology" by the International Committee of ICOM for Museology (ICOFOM)：
http://icom.museum/fileadmin/user_upload/pdf/Key_Concepts_of_Museology/Museologie_Anglais_BD.pdf

・Development of the museum definition according to the ICOM statutes：
http://archives.icom.museum/hist_def_eng.html

また、日本語の文献で特に参照させていただいたものは次の三冊である。ここでは、この章を書くにあたって、特に参考にした部分を示しているが、三冊ともミュゼオロジーを学ぶ教科書として書かれているので、これからさらに深くミュゼオロジーを学ぶ皆さんには、ぜひ座右に置き、常に参照して欲しい。

・倉田公裕／矢島國雄「第一部博物館学概論　第一章博物館学概論、第二章博物館概論」『新編博物館学』東京堂出版、一九九七年、三―四〇頁
・青木豊「第一章博物館学とは何か」、鷹野光行他編『新編博物館概論』同成社、二〇一一年、二―三〇頁
・水嶋英治「第一部　博物館概論　第一章　博物館学論」、大堀哲／水嶋英治編著『新博物館学教科書　博物館学Ⅰ　博物館概論・博物館資料論』学文社、二〇一二年、八―一六頁

また、この稿を書くにあたって、参照した辞典、電子辞典は次のとおりである。

・『世界大百科事典』平凡社、二〇〇五年
・『大辞林』（第三版）、三省堂、二〇〇六年
・日本大百科全書 JapanKnowledge：
http://japanknowledge.com
・The Christian Classics Ethereal Library：
http://www.ccel.org/

・Online Etymology Dictionary：
http://www.etymonline.com/
・Perseus Digital Library：
http://www.perseus.tufts.edu/hopper/
・Webster's Revised Unabridged Dictionary (1913 + 1828)：
http://machaut.uchicago.edu/websters/

　また、これら以外にも、国内外の多くの文献から学んだことを、この稿に活かさせていただいた。主なものをここに列挙する。

文献

・市川清流著、楠家重敏編訳『幕末欧州見聞録――尾蠅欧行漫録』新人物往来社、一九九二年、二一三―二一四頁
・岩淵潤子『美術館の誕生――美は誰のものか』中央公論社、一九九五年
・加藤有次他編集『新版博物館学講座１　博物館学概論』雄山閣、二〇〇〇年
・加藤有次他編集『新版博物館学講座３　現代博物館学論　現状と課題』雄山閣、二〇〇〇年
・エドワード・ギボン『図説ローマ帝国衰亡史』吉村忠典・後藤篤子編訳、東京書籍、二〇〇四年

・東京国立博物館編『東京国立博物館百年史』東京国立博物館、一九七三年、本文一〇頁、資料編五四八頁
・高階秀爾監修、ダニエル・ジロディ／アンリ・ブイレ著、松岡智子訳、『美術館とは何か――ミュージアム&ミュゼオロジー』鹿島出版会、一九九三年
・椎名仙卓『図解博物館史』雄山閣、二〇〇〇年
・椎名仙卓『日本博物館成立史――博覧会から博物館へ』雄山閣、二〇〇五年
・新潮社編『こんなに面白い東京国立博物館』新潮社、一九九一年
・全国大学博物館学講座協議会西日本部会『新しい博物館学』（第二版）芙蓉書房出版、二〇〇八年
・水藤真『博物館学を学ぶ――入門からプロフェッショナルへ』（第二版）山川出版社、二〇一〇年
・関秀夫『博物館の誕生――町田久成と東京帝室博物館』岩波書店、二〇〇五年
・西野嘉章『モバイルミュージアム　行動する美術館　21世紀の文化経済論』平凡社、二〇一二年
・日本博物館協会『平成20年度日本の博物館総合調査研究報告書』二〇〇九年
・浜田弘明『平成19～20年度科学研究費補助金　基盤研究（C）研究成果報告書　博物館学資料「鶴田文庫」の整理・保存及び公開に関する調査・研究』二〇一〇年
・福澤諭吉『西洋事情』尚古堂、一八六六年、四三―四四頁
・吉見俊哉『博覧会の政治学――まなざしの近代』中央公論社、一九九二年
・Anzovin, Steve and Podell, Janet (2000) "*Famous First Facts*" H.W. Wilson, p.69.
・De Gruyter Saur "*Museums of the World*".

・Eilean, Hooper-Greenhill (1995) "*Museum, Media, Message*" London, Routledge.

・Griffin, Beth "*Saints' Relics Help People Make Connection to the Holy*", Catholic News Service, February 27, 2013.

・Lorente, Jesús-Pedro 'The development of museum studies in universities: from technical training to critical museology', "*Museum Management and Curatorship*" Vol. 27, No. 3, August 2012, pp.237-252, London, Routledge.

・Maroević, Ivo (1998) "*Introduction to Museology: The European Approach*" Munich, p.23.

・Mensch, P. van（1992）"*Towards a methodology of museology*" PhD thesis, University of Zagreb.

・Pearce, Susan M. (1998) "*Museums and their development*" London, Routledge.

・Vergo, Peter (ed.)(1989) "*The New Museology*" London, Reaktion Books.

・Schaff, Philip "*The Nicene and Post-Nicene Fathers*".

ウェブサイト

・ＩＣＯＭ日本委員会：

http://www.j-muse.or.jp/icom/ja/

・国立国会図書館リサーチナビ　博物館・美術館ダイレクトリー：

https://rnavi.ndl.go.jp/research_guide/entry/post-165.php

・公益財団法人　日本博物館協会：

http://www.j-muse.or.jp/

・文部科学省「博物館に関する調査研究報告書」：

http://www.mext.go.jp/a_menu/01_l/08052911/1312951.htm

・“Musaeum Tradescantianum” Ashmolean Museum of Art and Archaeology：

http://www.ashmolean.org/ash/amulets/tradescant/tradescant04.html

・National Association for Museum Exhibition ‘Test your museum IQ’：

http://name-aam.org/uploads/downloadables/EXH.spg_11/4%20EXH_spg11_Test%20your%20Museum%20IQ_Editor.pdf#search='1946+International+Council+of+Museums+definition+museum'

・Olejník, Milan. Reforms of Pericles and Establishment of the Athenian Empire, Človek a spoločnosť, 2010：

http://www.saske.sk/cas/zoznam-rocnikov/2010/4/5899/

第4章　稀代のミュゼオロジスト＝美術館構想者、柳宗悦

新見 隆

近代とは、ふるさとを失った魂が放浪する旅である

私達の選択は全く美を目標とする。私達が解して最も自然な健全な、それ故最も生命に充《み》ちると信じるもののみを蒐集する。私達はかかる世界に美の本質があることを疑わない。従って此美術館は雑多なる聚集《しゅうしゅう》ではなく、新しき美の標的の具体的提示である。

（「日本民藝美術館設立趣意書」一九二六年）（註1）

日本民藝館の創設者柳宗悦《やなぎむねよし》（一八八九―一九六一）が、その設立趣旨書に掲げた渾身の、しかも自信満々、微塵も迷いのないマニフェストである。

僕は、まずこの論考のほとんどの骨子を（さらには、柳の引用すら、的確過ぎて、そのままの孫引きを、敢えてするわけだが）畏敬する美術史家、長田謙一先生の先駆的な研究論文「日本の眼――柳宗悦と「美術館としての日本」」（註2）に負うていて、以下拙文のほとんどがその受け売りか多少の翻案でしかないことを読者に断っておこうと思う。では、なぜ長田先生の論考をほとんど書き写すようなかたちで、読者の皆さんにお伝えせねばならないか。それは、これ以上の明快な柳像を、僕は将来生涯かかっても到底もてそうにないことと、またそれ以上に、それほどさほどに僕が、ミュゼオロジーを学ぶすべての学生

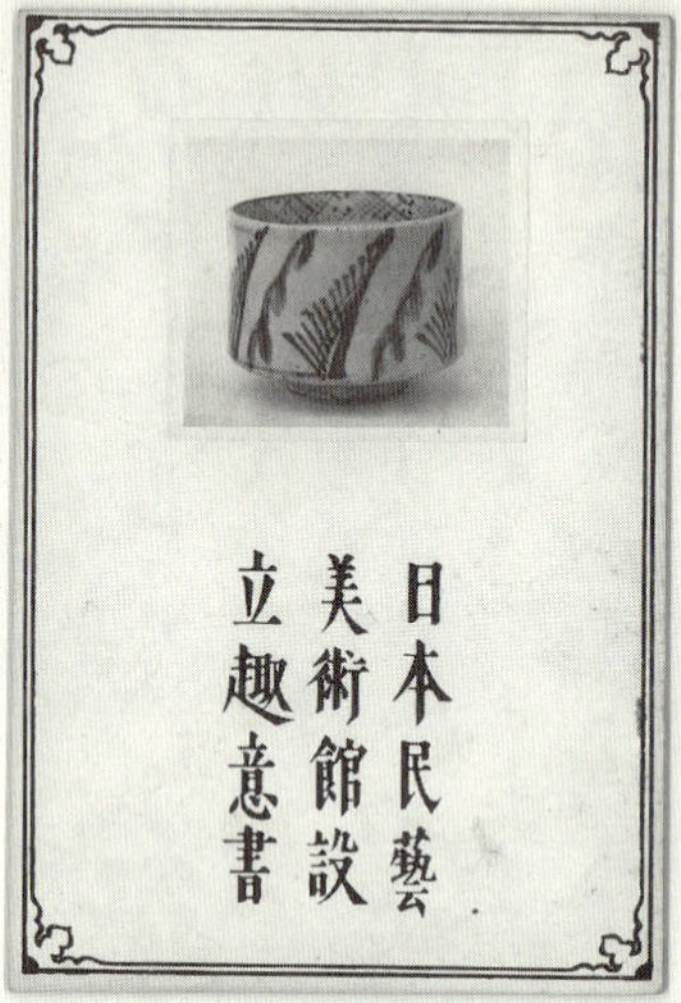

「日本民藝美術館設立趣意書」1926 年

柳 宗悦（1889-1961） 1954 年頃

に、民藝運動の主導者としての柳宗悦、その一般に流布した美学者としての姿以上に、真の意味での近代日本屈指の美術館構想家としての姿をとことん知って骨身に染み込ませてもらいたい、それこそが僕のミュゼオロジー観の根幹にあるものなのだということをわかってもらい、是非そこから、皆さん自らのミュゼオロジーをスタートさせていただきたいと心底切望するからなのである。

僕は、徹頭徹尾、柳宗悦主義者である。民藝運動の主導者としての柳、そして日本民藝館という日本で最もユニークで特殊な思想と美意識に貫かれた、確か日本で二番目に古い個人財団法人美術館の創設者としての柳に対して、心からの尊敬を捧げる。その思想、美学、美意識に心底心酔し、このたいしたことも成せぬ生涯一キュレーターの人生の、常に見果てぬ夢、遠い遥かな目標と定めてきた人物である。

柳は思想家であるが、同時に実践家である。決して、本来の意味でのアーティストではなかっただろうけれど、「美意識の実践家」として、日本の近代で他に類例を見ない希有で突出した存在である。そして、その美意識を実践することによってのみ、社会の姿やしかるべき人々の幸福に寄与することができるのだというミュゼオロジーの根幹を、身を以て体現した人物として今も新しい。一九世紀ロマン派音楽の王者、リヒャルト・ワグナーが、バイエルン王ルードヴィッヒ二世をしてその全体音楽に惑溺させて国家財産を貢がせながらも、「民衆の苦闘、苦悶、怨念」に対する共鳴を欠いた真の芸術はない、と喝破したごとくに（註3）。

柳の思想は、さらに、僕が畏敬する現代ではモダン・デザインの師父として多くの崇敬を集める、一九世紀は大英帝国ヴィクトリア朝の思想実践家ウィリアム・モリス（一八三四―一八九六）の日本における最も真性なる継承者とも、あるいは理解されてよいだろう。私ども現代人の享受する、都市を中心とした産業消費社会のルーツをつくったのが一九世紀ヨーロッパである。おそらくは、今日にいたるその文明享受、その暗黒面を見つめ、それを徹底して正そうとした一九世紀きっての思想実践家を挙げるとすると、それは『資本論』のカール・マルクス（一八一八―一八八三）と、アーツ・アンド・クラフツ運動の創設者、ウィリアム・モリスの二人である。

ウィリアム・モリスは、機械生産による、安価で購買意欲をそそる「似非様式＝王侯貴族が、その膨大な財力の蕩尽によって成し得たスタイルのキッチュな模倣」品が市場に出回ることによって、職人の技術が低下するばかりか、ひいては確固とした共同体意識に基づく社会思想の基盤だったギルド（職人組合）共同体が崩れ、結果、消費者も含めた社会の適正でよき趣味と理想が失われることに絶対的な疑義を抱い

ウィリアム・モリス（1834-1896）

て、自らも手を動かしながら手工芸復興とギルドの再生に赴いた男。そして最終的には、新興市民層が王侯貴族やブルジョワジーの成しまた成そうとする「様式」のキッチュ化に憧れて、社会の趣味から「平手打ち」（反発）を受けて、最晩年、失意のうちに小芸術の最終形態たる「印刷—造本」工芸に埋没する、ユートピア的芸術社会主義者だ（註4）。

　モリスにも柳にもその根底には、直面する「近代化」に対する徹底した疑義と反発があった。言い方を変えれば三・一一以降、僕らが利便性とその享受からのしっぺ返しを身体に刻みつけ、認識を根底から新たにしたポストモダン的状況を予言した先人たちだった。僕はこの二人を、テクノロジー最優先、世界整頓整理的ダーウィニズム信奉、そうした一八世紀ヨーロッパに端を発する、そして僕らが現在学ぼうとしているミュゼオロジーの苗床でもあった、この科学実証主義の成れの果ての今日的弊害を直視したという意味で、ポストモダンの先駆者とも考えている（註5）。

　ポストモダン的認識とは、何か。それは、乱暴に言えば、利便性と都市を中心とする産業消費社会を手に入れたのと引き換えに「近代とは喪失である」という諦念から出発することだ。一九世紀ロマン派の思潮がどの時点からはじまるか定かではないが、僕ならシューベルトの《冬の旅》のはるか以前、ベートーヴェンの中期の傑作ピアノ・ソナタ《テンペスト》からだと言うだろう。あのパセティックで激情的なパッセージに驚いた弟子のシンドラーが師匠に「いったいどういう意味がこの激変に？」と聞くと「テンペスト（シェイクスピアの戯曲）を読め」と答えたという逸話の伝えられる、あの宿命の一七番ニ短調である。《テンペスト》こそ、二一世紀的白眉、つまりは裏切りと怨念と復讐のドラマが最後の最後に寛容と和解へ翻る、今日僕らが最も必要なものだと骨の髄から感じる「人生普遍劇」なのである（註6）。

ロマン派芸術は、（「神がいなくなった」とは僕個人は到底思わないが、いずれにしても、中世あるいはそれをそのもので代弁するキリスト教的世界観＝封建制が、新しい個人＝ブルジョワジーを中心とする産業消費社会に変化して）行方を見失った近代人の魂のふるさとへの帰還、その見果てぬ旅、果たせぬ彷徨だ。むろん、中世が本当に人々とって幸せな時代だったかどうかはわからない。それ以上に、そこには近代以降とは全く異なる世界観、人間観、人生観があったことは事実であって、そこらへんは、それこそオランダが誇る歴史学者ヨハン・ホイジンガの『中世の秋』を繙いていただきたい。

モリスも柳も、王権が強力であったにしても、民衆は荘園制で厳しく搾取されていたにしても、しばしば言われるようにパリの町並みが斯くも普遍的に美しいのは、中世ギルドの代表的存在だった石工組合（彼らは、城郭や築城など軍事に関与する最重要技術者たちで、後にフリーメーソンを創設する）が決めた「建物の高さが美しく一定に揃っている」ことによるものであり、それに代表されるギルドの発言権が正しく確保されていたことに憧れ、そうした共同体が「それそのもので体現する美」を信じていた。柳が、そこで考えたミュージアム像とは、「中世に美を体現した、することのできた、国家、社会、共同体」

の崩壊に立ち会った近代的個人が、「新たに美を回顧する場としてのミュージアム」を必然的に要請する、その必然性だった（註7）。それは、フランス革命後、革命政府によって人民に開放されたルーヴル宮人民美術館こそが、キリスト教と封建制という「セット」の文化的背骨を失った新興「国民国家」が呼び出した新たな「文化的背骨＝ミュージアム」だったことと軸を一つにもするだろう（註8）。

柳は、当初、明治ロマン主義を引き継いだ大正デモクラシーの落とし子、「白樺派」の若き同人として活動する。そこで柳が行ったのは、時に複製によって展示された「印象派、後期印象派」のモダン名画展だった。

御上の文化政策に喧嘩を売る

一九三〇年代、上海事変から日中戦争に突入する時代に、二つの重要な建物が実に対比的に東京に現れる。

設立構想後実に一〇年以上を経て、目黒区駒場に、柳の設計による大屋石とその屋根瓦をふんだんに使った、ユニークな日本民藝館が完成、開館するのが一九三六（昭和一一）年だ。そしてもう一つ、上野に、国家コレクションの最終的な形態として、岸田日出刀《ひでと》による陸屋根のコルビュジエ風モダニズム設計案を退けた、帝冠様式、東洋風の寺院風瓦大屋根を冠した渡辺仁設計による帝室博物館本館が現れるのが一九三八（昭和一三）年である。

上野公園は、東京都「上野恩賜公園」が正式な名称であることや、現東京国立博物館の正面軸線がまっすぐ皇居に向かっていることからも、元来、その軸線の左右に動物園や科学館、府（都）の美術館を配置しながら、「恩賜＝天皇が臣民の教育や娯楽、研究等に付するために下げ与える」総合的な科学芸術センターとして構想されていたことは間違いないだろう（註9）。

柳が、モリスから継承した、中世復古主義、地方性復古主義的性格は、日本の近代に置き換えられた時に「反近代主義＝反西欧迎合主義」として機能したことは言うまでもない。これは、明治維新以降、国家の法制や産業、医療技術、軍事など、あらゆる意味で西洋近代に範をとりながら、それを模倣、輸入してきた国家中心の、上からの近代化に反発するかたちで現れるのである。

日本民藝館の開館は、柳が、民藝の蒐集とその展示というかたちで自らの思想を表現した、近代日本きっての「ミュゼオロジスト＝美術館構想者」であったことを思えば、国家によって上野公園を一大文化・教育・娯楽施設にする構想の中心とも言うべき天皇のコレクションを臣民に公開するための帝室博物館のまさしく「向こうを張る」ような、民による「内的な」コレクションを形成しながら、「内的な」欲求による運営、公開を目指したという、深い意味合いをもっていたと言うことができる（註10）。

「内的な」というのは、上から与えられるアイデンティティとしての「日本」でなく、個人や民衆自らが、自らの文化的特性をどう捉えるかという問いを根本にもった、問題提起的行動・事業としての謂であ

日本民藝館　本館外観

る。いずれにしても、「国家による」上からの近代化に対抗しながら、柳は自らによる民の「内的な」近代化を、そのコレクションの蒐集と公開を通じて探ったのである。駒場の日本民藝館。ここが、開館以降、柳の牙城となった日本ミュゼオロジーの聖地である。

僕は日頃から学生に、海外の友人が日本をはじめて訪れて東京滞在が一日しかなかったら、訪れるべき「日本の文化を知る場所」は二か所しかない、朝に上野の「トーハク（東京国立博物館）」、そして昼から駒場の「民藝館」、これ以上の解答は有り得ないと言っている。現在、そして未来永劫、「トーハク」と「民藝館」はよきライヴァルであり続けるだろう。

現在、日本民藝館を訪れると、民藝運動の盟友である染織家芹沢《せりざわ》銈介《けいすけ》（一八九五―一九八四）による見事な型抜き文字の正面木看板が僕らを迎えてくれる。栃木県産の大谷石《おおや》による蔵造り風石壁と、同じく重厚で地方色豊かな風合いの屋根瓦拭きの本館。通りを挟んだ向かいには、現在は定期的に公開されている旧柳邸（西館）がある。どっしりとした栃木県の豪農の長屋門を移築したもので、外からでも李氏朝鮮（李朝）の家具やインテリアを思わせる窓の格子や手摺りのデザインが、柳独特のユニークなものであるのに気づかされる。インテリアは、イングリッシュ・ゴシックか地方民家風を感じさせる、端正でおおらか、なお清新なもので、展示ケースや縄編みのベンチ等、すべて柳自ら設計したものだ。

御上《おかみ》によって組織された帝国美術展に、第四部、工芸部が開設されたのが、一九二七（昭和二）年であり、そこに出品された名だたる作家による工芸作品群を、柳がことあるごとに「鑑賞目的だけ」の「貴族的工藝」、日本芸術の堕落、退廃、あるいは西欧的美術価値への迎合として批判揶揄しながら退け、自らの蒐集する「民衆のための、民衆に手になる工藝」＝民藝こそが王道本道であることを喝破し続けたことはよく知られている（註11）。

さらには、柳は自らの著作類に表明した「工藝論」の中で、現在の僕らの認識では到底考えられないような、独自で特異でユニークな「工藝」擁護論を劇的に展開する。それは、今日の僕らにも一聴に値するような考えでもあって、「純粋芸術」の個性的で唯一無二であるべきだという西洋風の信仰が、逆に「病」そのものに到るという論旨であって、「素材」による制約や工程プロセスを経る「間接性」（ことに、そういう意味で版画や活字を柳は称揚する）、さらには、そうした用途のために数多くをつくって「職人も手慣れ」、廉価なものを民衆大衆に提供する、「無銘の」工藝の「健康さ」こそが、素晴らしいものであり日本の芸術の本道なのであると主張する（註12）。

経緯としては日本政府が明治の初期、ウィーン万国博に出品する過程で西洋概念としてドイツ語のKUNSTを美術と訳しながら、鑑賞のための「純粋美術＝アカデミーという特殊技能を養成する美術専門高等教育機関で学ぶファイン・アート」を第一義として、用途のための工芸「装飾美術、応用芸術＝徒弟として工房で親方から実技的下働きの中で習得してゆくもの」を二次的芸術とする、西欧における近代までの芸術間ヒエラルキーを学んでゆく、そういうプロセスそのものを「西洋迎合主義」と非難する柳の眼差しがあることを忘れてはならないだろう（註13）。

一八七七（明治一〇）年、上野で第一回内国勧業博覧会が開催されたのだが、そこには実に珍妙なる作物が出品されてもいる。たとえば、廃刀令もあり需要が大きく減少し仕事を失いつつあった刀装具職人や甲冑師は、見目麗しい打ち物細工的置物などを完成させ、実に「彫刻然」と出品させられる。はたまた漆職人は、汁用の塗り椀ではなくて「漆絵」なる摩訶不思議な「絵画」を制作させられてしまうのであった。このような「工芸の無理矢理の鑑賞＝純粋美術への転用転嫁」的状況は、かのモリスが慨嘆した「ヴィクトリアン・キッチュ」群、すなわち微に入り細にわたり、精巧に多色機械刷りされた壁紙「ナポレオンをワーテルローの戦いで破るネルソン提督戦闘図」やら、型焼き大量生産の磁器製水入れ「ローマ皇帝一二種セット」等に比肩される、ともに近代における「笑える芸術の混乱」なのであった（註14）。

ゴシック、李朝、沖縄、そして民藝

柳の生涯を追っていくと、彼が起源論としての美の源、その根の部分が社会的にはいったい誰に帰属するのか、誰が本当の意味でそれを生んでいったのか、その本質論へ執拗に迫ってゆく執念にいつも驚嘆させられる。

日本政府による朝鮮統治に異を唱える柳の反骨は、一九一九（大正八）年に勃発した三・一独立運動弾圧に際して書かれた有名な「朝鮮の友に贈る書」を経て、最終的には当地の京城府（現ソウル特別市）の景福宮（李王朝期に建てられた王宮）内に朝鮮民族美術館を設立するところまで発展するのである。美をもって剣に異議を唱えた、世界ミュゼオロジー史上の偉大な英雄的事業と言っても過言ではないだろう。よく特高（特別高等警察）に付け回されなかったものだ（一説によると、それぐらいはむろんあったらしいが）、戦前のこの時代によく投獄されなかったものだと感心すらする。政治的には属国扱いになった隣国朝鮮を、柳は日本人にとって「美の先輩」と崇め、しかも母国語を公用語から駆逐してしまう「同化政策」に最も憤慨慨嘆して、朝鮮民族美術館の設立を決意し、しかも旧王宮の一隅にそれを実現してしまうのである。伝え聞くところによると、その柳式朝鮮美術館の収蔵品は、現在も韓国国立中央博物館の収蔵庫に眠っているという。

民藝運動から、ある造形的特徴を抽出すると、それは李朝とゴシックの混合になると言えるだろう（註15）。ゴシック趣味自体は、初期からかなり長く見られる黒田辰秋《たつあき》（一九〇四―一九八二）の木工作品が意図的にねらった性格でもあったし、スリップ・ウェアに開眼する初期の河井寛次郎（一八九〇―一九六六）や濱田庄司《はまだしょうじ》（一八九四―一九七八）の焼き物の作品群や、富本憲吉（一八八六―一九六三）やバーナード・リーチ（一八八七―一九七九）など、民藝初期の統合的な特徴と言っていいだろう。富本やリーチの場合には多分にアール・ヌーヴォーを経由したゴシック・リヴァイヴァルの気配が見え隠れもする。そして李朝からの影響もきわめて大きい。焼き物においては数少ない直接のコピーを除いては、その精神性への共鳴と言う方が当たっているだろうが、黒田の木工作品とりわけ家具については、その影響は顕著である。また、それに加えて、沖縄の壺屋焼、赤絵の影響や黍紋《きびもん》も濱田作品にははっきりあるし、紅型《びんがた》が染織作家である芹沢銈介を大きく動かす原動力になったものである。

ゴシック、李氏朝鮮、そして沖縄は、民藝運動そのものにとって、常にイデアと実体をともなった憧憬の地であった。そしてその中心になったのが、むろん柳自身によるゴシック関係のコレクション（濱田がもち帰ったイングリッシュ・ゴシックをその出発点にするにしても）と、柳の美術館構想の出発点（その前にも白樺美術館の構想もあるにはあったが）となった朝鮮の陶磁や民画、民具のコレクションであったことは、また言うまでもないだろう。

こうして見てくると、民藝の特徴は辺境からやってくるのがわかる。そこには、ゴシックにしても、李朝にしても、沖縄にしても、国家による上からの近代化によって見捨てられていた「辺境」を拾い上げる、もう一つの「近代」という視点が潜んでいる。彼らにとってゴシックは中世主義の普遍的規範として機能したし、自らの母胎となったヨーロッパ近代的知性が置き去りにしたもの、ギルド的共同体を体現した理想郷として忘れ難かったわけである。

それにしても、黒田が目指した李朝とゴシックの混合というのは、考えようによってはすこぶる奇妙にも映る。一九二八（昭和三）年、上野で開催された昭和天皇即位記念の大礼万博（御大礼記念国産振興東京博覧会）に柳たちが出品した「民藝館」（のちに大阪に移築されて、通称「三國荘」と呼ばれる）には、柳の設計・インテリアにコレクション、黒田の家具に、河井、濱田の焼き物や什器類が勢揃いした、言わば民藝的美意識の横溢する総合芸術として記憶される。モノクロームの写真しか残っていない

御大礼記念国産振興東京博覧会出品「民藝館」1928年

けれど、室内空間を構成する多くのインテリア什器は現存するので、その実体的空気を想像することはさほど難しくはない。

まず一見してその空気を代表するのは、柳がデザインしたか指示したと思われる李朝風障子の木の桟《さん》や扉模様などの建築細部であり、黒田のどっしりと重厚な、ゴシックを加味した拭き漆のダイニング家具セットの存在感である。テーブル上には豪奢な螺鈿《らでん》の箱作品《色》もある。小上がりになった居間には、妖艶この上もない赤漆の行灯と丸い座卓、それに李朝とそっくりの拭き漆に打ち物で飾った箪笥が見える。南蛮絵の軸や、丹波の壷や手焙りなど、民藝コレクションがその間を飾るのだが、インテリア全体の濃密な空気を支配するのは、まさしく黒田の狙った「李朝風ゴシック」である。

そこは、一見どこか日本の民家のようだが、半分朝鮮の両班《ヤンバン》階級の住宅のようでもあり、よくよく見ると日本あるいは外国のどこにも、どの時代にも実は見つけられない、ニュートラルでモダンな、清新さと奇妙さが共存するような、「インターナショナル」な空気があるのだ（註16）。また、柳のコレクションの総体をかたちづくる、ある種の特殊でユニークな、他に類例を見ない「眼＝美意識」の存在を思わせもする。その理由は、確かに柳は、見捨てられ置き去りにされてゆく「地域的」で「フォークロア」で「リージョナル」なものに共感を寄せたがために民藝をコレクションしたし、それが国家による上からの近代化に対しては批評として機能したのだが、それらを拾い上げる彼の「ミュゼオロジー的目＝審美眼」は、結果としてニュートラルなもう一つの「近代性」、どこにも故郷をもたずに彷徨う魂とその根なし草的な場、トポスをかたちづくってしまったのではないかという、皮肉な逆説を現代の日本人に感じさせるからだ。

それは決して民藝運動を批判しているわけではなく、近代日本的なるものの歴史的な宿命の影が、誠実で真摯な運動であったがためにこそ色濃くそこにも宿っていることを確認したいだけなのである。

初期民藝とは、大正末期から昭和初期にかけて、柳が、染織家、青田五良《ごろう》（一八九八―一九三五）や黒田辰秋と京都の上賀茂で共同生活、共同制作活動をしていた時期だろうが、この青田の染織や黒田の木工家具に代表される作品群が民藝運動の出発点と言える。いずれも清新で鮮烈、実に日本の職人的工芸家が未だ成さなかった種類の典雅な味を湛えている類例のない逸品である。同志社の英語教師であった青田が、見よう見まねで丹波のくず織りなどを独習したこと、また黒田が木工的職人分業をよしとせずに新たにその総合、統合に向かったことは、モリスらラファエル前派の同人が美術工芸学校出身のプロフェッショナルではなく、言わばエリート学究が素人なりに、自らの美意識によって虚心なくはじめた工芸が、稚拙さゆえのユニークな清新さを湛えているのに似ていなくもない。

さらに乱暴に言えば、青田と黒田の作品的特徴は、西洋近代的な教養知識を経たエリートが成し得た自覚的な「目」としての美意識から出発していることで、工芸的、職人的な技術の練磨がその後についてきているわけであって、その点でも清新さは類例のないものだが、むしろ結果としては彼らの意図に反してというか、作品の構造は「近代的」な知の性格を美意識として意外にも露呈させてしまったという、民藝運動が根源的にもっていた逆説の構造をも予感させるのである。

アルカイックでニュートラルなモダンの場

一九三〇年代は、ファシズム化の嵐が吹き荒れる政治的状況の中にあって、都市を中心とした人口の集中が一挙に起こり、今日見られるような大衆消費社会がはっきりとしたかたちで登場する時代であったことをまず確認しておきたい。

河井寛次郎が、京都五条坂に大きな登り窯を築いてアトリエ兼自邸を設計・建築するのが一九三七（昭和一二）年のことである。島根・安来の大工棟梁家の出であった河井が自身で設計し、一族の大工たちによって成ったこの空間は、近代日本を代表する屈指のユニークなインテリアであると同時に、戦後の一九五〇年代を通底する審美的な世界潮流、時代精神であった「モダン・プリミティヴ」を先駆する、その遠い出発点でもあったものとここで言っておきたい。

河井を「アニミズム的心象作家」と呼んだのは歴史学者、梅原猛だが、京都の伝統的な町屋建築をその母体としながらも、その空間を多彩に、正にポリフォニー（多声音楽）的に彩るのは、河井自身がデザインした多くのユニークな家具が性格的にもっている、土着的でアニミズム的な気配と空気である（註17）。

何とも、異形でエクストラヴァガンツァ（奇抜、狂騒的）に感じる神社の鳥居を背のモチーフに使った椅子をはじめとして、台湾や南方経由の発想である竹家具や藁スツール「トン」の風合い、どっしりとした木臼を刳りぬいた座椅子や、墨によるスケッチが残っている壁掛けの吊り箪笥などはいずれも、内部から抉り出されて捩じり弾けるような、表現主義的な晩年の河井の木彫群と通底する、「アニミズム」的な特徴がある（註18）。囲炉裏《いろり》まわりや階段箪笥など、いずれも比類のないこの空間の審美性に過不足なく参与している。

民藝趣味は厚ぼったくて重厚だ、あるいは時に、異形で異風だと表層的に言われることも多いが、そうした気質を代表する作家は、まさしくこの河井寛次郎その人である。政治的な伝統論争の文脈からは自由

河井寛次郎記念館　河井寛次郎《鳥居形の椅子》
撮影：冨江公夫

に離れて、河井の新しい、類例のないモダンなものを求める「内的な」欲求が、時代を超えてプリミティヴであるがゆえに普遍的な造形を選ばせていったのだと私には感じられる。であるから、柳と民藝のもっていたインターナショナルな審美性を、河井のプリミティヴなアニミズム的表現主義は十分にプラスに補完しているものだと、今日の僕たちの目からは見える。

審美眼の場、美の教典を示す殿堂

長田謙一先生が指摘されるように、柳が民藝館概念として、一般の民俗博物館が民衆の生活の経験を学ぶ場、「経験学＝Experience study」である（でしかない）のに対して、自らの美術館は「美の基準学＝Criterion study」、つまり批評するという言葉 Critic の原義に基準を示す＝Criterion」であると考えていたことは、ミュゼオロジスト＝美術館構想家としての柳宗悦を考える時に、極めて重要である。

観ずるとは作るなり、よき鑑賞は創作なり。（略）真に美を見るものは美を創るなり。美しき器は観る者の創れる器というべし。（註19）

さらに驚嘆すべきことは、自分たちの蒐集が単なる雑多な蒐集ではなく、美の規範を示すための、美の教典を示すための殿堂なのであるという、一種傲慢とも不遜とも受け取られかねない強烈な矜持に支えられていることである。それにしても、民藝館に居並ぶ、「民衆が民衆のためにつくった」、「美を意識されては全くない、下手もの、雑器」を見て、では柳が民藝を考えた七〇年前には日本中のそこここに遍在したごく当り前なこれらのものが、今現在では、「本当に滅多に手に入らない、探せてもとんでもなく高価な貴重品」になってしまったこと、その逆説に驚くのは僕だけではないだろう。

僕も楽しみしている、毎年秋に日本民藝館で開催される地方地場の手工芸作品の展示販売会である「日本民藝館展」では、毎回オープン前から人々が長蛇の列をつくり、売約済みの赤紙が、開館直後、瞬く間に多くの作品に貼られるほどの大盛況であるのは大変喜ばしいことだ。また、僕が教えている武蔵野美術大学芸術文化学科の入試で、小論文に柳宗悦と民藝運動についてのことを出題したところ、受験生の一人が「現在、地方の地場産業のデザインによる推進をやっている、デザイン・ディレクター、ナガオカ・ケンメイさんのやっていることは、柳のやったことに似ている」と述べたことがあった。

僕個人にとっては、これらのことは大変嬉しいことなのだが、それは、ミュゼオロジストとして日本民藝館を普遍のものにして「彼独自で、しかも日本の風土に固有の」美の基準を提示し得た柳が、一方で、制作する協団共同体として日本民藝協会をも同時に率いて今に繋がるわけだが、現在ではなかなかどうして、職人の手技が死に絶えてきつつある、かなり楽観視できない状態であることをも予感的に感じさせもしたのである。そんな中、最後に柳の真骨頂、美の経典としてのミュージアム論を再び噛みしめておこう。

示すは展ずる也。館を設けて永えに人に示すは更によし。されどかかる館を冷なるものになすは罪なり。美術館と単なる収集館とは異なる。後者には統一なく、また美への理解なし。雑多なる作の雑多なる蒐集は美術館にあらず。よき美術館は経典の如し。そこに美の宗教を学ぶ。集むるは真理を語るなり。よき器はそれぞれに福音の文字なり。されば美術館よりよき美の文字なし。（註20）

註

1 柳宗悦「日本民芸美術館設立趣意書」『柳宗悦全集』第一六巻、筑摩書房、一九八一年、五頁

2 長田謙一「日本の眼――柳宗悦と「美術館としての日本」」『「〈美術〉展示空間の成立・変容――画廊・美術館・美術展」平成10―12年度科学研究費補助金［基盤研究（B）（1）］研究報告書』研究代表者：長田謙一千葉大学教育学部教授（当時）、二〇〇一年三月

3 高橋巖『神秘学入門』（ちくまプリマーブックス）筑摩書房、二〇〇〇年。これもまた、畏敬するドイツ文学者にして、シュタイナー学徒である高橋先生の論考の受け売りである。

4 僕のモリス学は、そのすべてを、亡き小野二郎さんの偉大なる論考群から学んだものによっている。詳しくモリスを学びたい方は、ぜひ、晶文社から出ている『小野二郎著作集』（全三巻、一九八六年）を繙くことを

お勧めする。

5 この辺の考えをどこから学んできたか、もう記憶に定かではない。だが私見では、ミュージアムの成立のヨーロッパ起源をもっとも的確に記述したミュゼオロジーの名著として、『芸術崇拝の思想——政教分離とヨーロッパの新しい神』(白水社、二〇〇八年)とともに、ぜひ、松宮秀治さんの『ミュージアムの思想』(白水社、二〇〇三年)に眼を通していただきたい。僕も、おおいに参考にしている論考だ。

6 東芝EMIから一九九二年に出た、グランドクラシックシリーズのCD版、一九六一年にリヒテルが録音したベートーヴェンの《テンペスト》とシューマンの《ピアノ・ソナタ》だが、その楽曲解説に、大木正純さんが書いたものの受け売り。

7 中世の石工組合の話はどこから仕入れてきたか、もう忘れた。柳が「新たに美を回顧する場としてのミュージアム」と言ったというのは、長田先生の解釈の受け売り。前出(註2)同論、四六頁

8 これは、現代ミュゼオロジーの常識と言ってもいいものだが、やはり、ここでも、松宮さんの前出書『ミュゼオロジーの思想』(註5)から、学んで、借りた、と言っておこう。

9 上野が、「その全体で、一大ミュージアム=教育・娯楽的文化総合施設として構想されていた」、というのも、今日では周知のことのようだが、僕がはじめてその指摘を学んだのが、どなたの論考であったか、今はもう定かではない。たしか、長田先生の論にもあったような気がする。

10 長田前出(註2)同論、四五頁

11・12 ここらへんは、直接、柳の名文に、ぜひ一度当たっていただきたい。もっともお勧めするのが、やはり、

西洋流の「個性尊重」、ファイン・アート優先主義を「病也、不健康也」とやっつけた、ある種痛快な工芸論だろう。岩波文庫『工芸文化』や、今では、日本民藝館監修の『柳宗悦コレクション』が筑摩書房のちくま学芸文庫から出ている。柳がそういう批判をしたのは、たとえば、一九二七（昭和二）年に第四部＝工芸部が帝展にできてから四回目の一九三〇（昭和五）年に、『大阪毎日』に書いた「帝展の工芸」で、「諸君には工芸と美術とのけぢめがないように見える。いひ換えれば工芸自体がないのである」と言い放っている。

13 北澤憲昭さんの名著『眼の神殿――「美術」受容史ノート』（美術出版社、一九八九年）によって、僕らはたいへん大きな、美術概念の導入の意味を学んだし、また、日野永一先生などの碩学の恩恵を受け続けている。日野永一「万国博覧会と日本の「美術工芸」」吉田光邦編『万国博覧会の研究』（思文閣出版、一九八六年）など。

14 かつて、大阪市立博物館（現大阪歴史博物館）で当時学芸員だった山崎剛さんが企画した画期的な、「工芸家たちの明治維新」展（一九九二年）に、おおいに触発され、そこから学んで借りたもの。また、サウス・ケンジントン美術館の初代館長ヘンリー・コールによる「機械による量産品の杜撰さを例示した」展示に触発された、畏敬する学芸員としての真の兄貴分、河本信治さんの企画、好ましい展観「ヴィクトリア&アルバート美術館展 英国のモダン・デザイン――インテリアにみる伝統と革新」（京都国立近代美術館、一九九四年）からも学んで、借りた論旨。

15 たしか、「李朝＋ゴシック」というのは、黒田本人が書いていたと思う。それを、確かめたい人は、宿題的に出典を調べていただきたい。

16　これは、僕がずいぶん以前から、「民藝的インテリア＝グローバル折衷フュージョン」と感じて、思っていたことだが、同じことを、建築史家の藤森照信さんが、『藤森照信の特選美術館三昧』（ＴＯＴＯ出版、二〇〇四年）の「日本民藝館」の章で「インターナショナル」とお書きになっているので、ぜひそれを参照されたい。

17・18　河井寛次郎の、京都五条坂の自邸アトリエ設計を中心としたデザインや空間については、拙著『モダニズムの建築・庭園をめぐる断章』（淡交社、二〇〇〇年）の、「河井寛次郎邸の庭――抽象的な空間について」や、鷺珠江さんの監修された、包括的な、生誕一二〇周年「河井寛次郎――生命の歓喜」展（二〇一〇年―二〇一一年、髙島屋東京日本橋店ほか）の図録拙稿にも書いたのだが、その建築的な部分は、かつて上田篤さんが『イロニア』（三号［河井・棟方特集号］、新学社、一九九四年）にお書きになった建築的分析に多くを負っていて、さらには、河井を「アール・ヌーヴォー的造形家」と指摘された建築史家の足立裕司先生に触発されたことが出発点だった。

19　柳宗悦「器物七則」『柳宗悦全集』第八巻、筑摩書房、一九八〇年、三九頁

20　柳宗悦「器物七則」『柳宗悦全集』第八巻、筑摩書房、一九八〇年、四〇頁

第5章　ＭｏＭＡに喧嘩を売った男

――ミュゼオロジストとしてのイサム・ノグチ

新見隆

ＭｏＭＡのゴーキー

ニューヨーク近代美術館、通称ＭｏＭＡ（The Museum of Modern Art, New York）の戦後美術の一室に、奇妙な黒い絵がある。人間の身長よりはるかに大きな四角の画面、その薄茶色のくすんだ紙に、鉛筆と木炭だけで描かれたモノクローム画であって、画面いっぱいに未生の生物とも、動物や植物の生命器官の部分とも言える不思議な形象が絡み合い、もつれ合って、薄ぼんやりと浮かんでは消える。さまざまなかたちが跳梁跋扈《ちょうりょうばっこ》するさまは、夢の一コマのようでもある。

その絵のまわりには、戦後のアメリカ美術を世界の桧舞台に押し上げていった、二〇世紀モダン・アートの大立者作家たち、その誇らしい大作作品群がひしめき合っていて、そこは何とも壮観な部屋でもある。多くは、ドラマティックな大画面の構成、シャープでミニマルなぎりぎりまで要素を切り詰めた、緊張感たっぷりの抽象表現主義の作家たちの名作であって、吸い込まれるほど大きな、真っ赤な画面が深い精神的な空間を醸しだしているもの、さまざまな絵具をバケツから直にキャンバスにぶちまけたような、踊るような、無辺の生の空間が目の前に広がるもの。それらはいずれもダイナミックでもあり、また同時に静謐で孤独でもあるような、不思議な大画面だ。あるいは途方もなくどでかい、しかも奔放な東洋の書のユニークな翻案を思わせる自在な作品もあって、多彩な壮観は、そのままアメリカの大自然と、それを人間がねじ伏せていった特殊な文明のあり方そのものをも思わせる。

そんな中で、アーシル・ゴーキー（一九〇四―一九四八）が最晩年に、というより自殺する直前に描いたこのモノクロームの絵は、ひっそりというよりむしろ、そうした文明の勝利に迎合する強烈な文化のあり方に、密やかに背を向けているように見える。果たしてこれを、絶望の絵画と言っていいのかどうか僕にはよくわからないが、この絵が、一つには、未生の生命の蠢きやささやきに耳傾けながらも、一方それを掴み取ろうとして掴み取れない、挫折とか失敗、苦悶の悲しい表情をたたえていることは、やはり感じられるのである。昔読んだデイヴィッド・リースマン（一九〇九―二〇〇二）の『孤独な群衆』にちなんで、「都市の中の孤独」と言えば、それは簡単なことになるだろう。だが、人々が互いに本当には全く無関心でありながら、資本主義的な成功や名声に飢えて、憧れて、ここに集い、這いつくばりながら苦悶し、ぼろぼろになって消えていく無数の民衆をかかえた、この世界で随一の大都市ニューヨークの孤独は、そこに棲んだ人間でないと想像できないものだろう。

ゴーキーは、アルメニアから入植したロシア移民で、生涯、その故郷ソチの夢のように花咲く、暖かな陽を受けた庭を描き続けたことで知られる。しかも、そのスタイルは、最晩年のこのモノクロームの絵と同様の、何とも不思議な類例のない生命有機的とも言える、具象のような抽象のような、ユニークなスタイルによってである。美術史的には、抽象表現主義の初期を代表する作家として記憶されるが、その夢の風景のような生命器官の部分の絡み合いのような形象は、むろん彼が一九三〇年代に世界中の美術を席巻したシュルレアリズムの影響下から出発したことを示している（註1）。

そしてゴーキーは、彫刻家イサム・ノグチ（一九〇四―一九八八）が頭角を現していった一九四〇年代、ニューヨーク派にあって刎頸《ふんけい》の友であったと伝えられる同世代芸術家だった（註2）。ゴーキーばかりでなくマーク・ロスコ（一九〇三―一九七〇）、バーネット・ニューマン（一九〇五―一九七〇）など、美術史上はじめて、アメリカ美術が生粋の「アメリカ的」なるものを確立した一派として名高い抽象表現主義の多くの作家が、ユダヤ系移民第一世代でありそしてアルコール依存症だった。ジャクソン・ポロック（一九一二―一九五六）の、ほとんど自死と言っていいような自動車事故を思い出せばわかるように、多くの作家が、幸せな世間的な生をまっとうできてはいない（註3）。

彼らが、グランド・キャニオンに代表される、広大なアメリカの自然を文明によって屈服させていったアメリカ主義、その多分にアングロ・プロテスタント的な、禁欲的な苦行の美術版として活動しながらも、その「アメリカ主義」に簡単には迎合できなかったことは想像に難くない。けれど、それでも、ゴーキーの遺作とも言えるこのモノトーンの作品は、文化におけるアメリカ的なるものの権化のような美の神殿ＭｏＭＡの中心に展示されている。僕にはそれが、ノグチの悲劇にも、闇にも重なって見えたのである。

イサム・ノグチ（1904-1988）
Photo by Michio Noguchi
By Courtesy of The Isamu Noguchi Foundation and Garden Museum, ARS & JASPAR, 2015
D0922

ＭｏＭＡの専横

ノグチはこの美の神殿ＭｏＭＡを、いったいどう見ていたのだろうか。

ニューヨーク近代美術館は、世界ではじめて「近代美術館」、つまりモダン・アートのためのミュージアムであることを自ら名乗った私設美術館として記憶される。一九世紀末から二〇世紀前半にかけて、工業化、都市化によって未曾有の大繁栄を遂げるアメリカを支えたのは、鉄鋼のカーネギーや自動車のフォードなどの産業ブルジョワジーだったが、中でも名だたるロックフェラー財閥の夫人が、発起人、創設者であったことはよく知られている。今日ではアメリカを代表する美術館、観光都市ニューヨークの一大名所として君臨しているが、創設された一九二九（昭和四）年当時から、その意気込み、実質的な活動ともに世界の美術界の雄としてモダン・アートをリードしてきた観がある。

アメリカの美術は、過去も、今日もなお、こうした財閥や資産家が支えていること、ヨーロッパの起源であるパトロンに多くを負うていることに間違いはない。それは、今日の状況から言えば、ヨーロッパとも、またむろん日本のそれとも全く異なる、文化と社会の相互依存というか商業主義的とも言える互助システムである。金持ちは必ず自分の名誉を残すために、あるいは社会的なステータスのために、あるいは社会的責務のために、文化的活動に資金的援助を惜しまない。これはある意味、ルネサンス以前やそれ以降からあった、ヨーロッパにおける封建的カトリック的な宗教に密着した権力による芸術擁護を、ある種資本主義的プロテスタントがニュートラルなかたちで継承した、アメリカに固有のあり方である。市民革命以降、ヨーロッパは広い意味で社会主義的になったわけで、文化は国家というか社会全体が支援するかたちに変貌していったのに対して、かえって新興の複合多民族国家として出発したアメリカが、その自由主義的資本主義の形態の中で、その精神的支柱として文化を呼び出したかたちと読み取れなくもない。

ずいぶん以前から、日本でも大企業が文化支援というメセナを、はじめは利潤追求優先によってさまざまに自らが巻き起こした弊害の贖罪として解釈し（され）ながらも、やがて社会活動を行う企業には当然の社会貢献の責務と受け入れるようになったのも、多くはアメリカの影響だった。だが、それでもなお「隠れ蓑」の覆いが未だにつきまとっているのである。

MoMA（ニューヨーク近代美術館）

アメリカでは、ほとんどの美術館やその展示ギャラリーの名前に、寄付を出した人物や実質的パトロンの名前が付されている。ゴーキーの部屋はMoMAでも数少ない例外であり、初代館長で、その蒐集方針によって「モダン・アート」という概念を定立した立役者アルフレッド・バー・ジュニアの名が冠されている。

「モダン＝近代」との決別

第二次世界大戦後、ノグチはボーリンゲン財団（アメリカの篤志家ポール・メロンにより一九四五年設立）の奨学金を得て、一九四九（昭和二四）年から一九五六（昭和三一）年にかけてユーラシア全体の古代遺跡を隅々まで踏査する。一九四九年、その奨学金申請書のマニフェストにノグチはこう書いた。

レジャー環境の研究についての申請

1．私の考えかた

私は長く、彫刻と社会とのあいだに、新しい関係がつくりだされなければならないと考えてきた。たがいが、もっと創造的に高めあわなければならないということだ。

彫刻の創造力とその存在感にとっては、より多くの人のための、公共的な楽しみこそが、個人の所有より、はるかに重要だ。この認識なしに、彫刻の真の意味は生まれない。

個人の人間存在の瞬間を意味づけ、望むべき環境を照射する、そんな空間的、造形的な関係を、彫刻によって産みだすこと。この作用と似たものが、過去の寺院の彫刻に見られる。そこでは、形態的なもの、共同体的なもの、感情的なもの、そして神秘的なものなど、すべての要素がそれぞれの役割をまっとうしている。

あきらかに彫刻の機能とは、単なる建築の装飾とか、美術館での財宝であることを超えるものだ。それらもまた価値あるだろうが、個人の所有を広げたものの域を出ない。独創的で、もっとも優れた第三の機能だった、宗教が凋落したからといって、それらにとどまる必要はない。

テクノロジーによる秩序が、今日の生命線であるようだが、もし芸術がより大きな目的を達成しようとすれば、彫刻はもっと別の機能へと開かれるべきだ。

2．状況について

二度の世界大戦の悲劇は、精神の救済の不可能と、それからくる道徳の危機をもたらした。かつて人は、手仕事、宗教、そして寺院などとして表現されたものに価値を見いだしたのに、今日ではただ機械化と権力の論理しか見ない。工業化の光は、芸術家を社会の中のごく専門化された一角に押しやり、多くの人はただの観客と化している。個人の、そして時代や民族のエトス、批評的な創造力はかくも否定され風前の灯である。

こうした欲求がつのって、人間存在の新しい探求と再創造を求める動きが生まれた。それはあらゆる種類の芸術家たちの最大限の力を引きだして、私たちの必要とする環境をつくりだすための新しい探求である。

さまざまな芸術ジャンルを、来るべき社会的な目的のために再統合するのが肝要で、そうすれば「建築家」「画家」「彫刻家」「環境設計家」といった限定的なカテゴリー分けのせいで無味乾燥になっている現状を変えられるのだ。

こうした考えは過去にも多くあったが、再統合のためにどういったステップが必要かなど、はっきりした青図が描かれたことはない。実際、芸術家同士の人間関係や、芸術ジャンルと社会との関係に局面がなければ統合の議論は形式論となって混乱するかもしれない。また、経済的、社会的な問題が解決されない間は、精神的な問題になど解決などもたらされるわけがないと反論もあろう。何ら建設的な解決策が出てきていないというのは、問題が大きすぎて一つの技術や現場での策では歯がたたないからだ。協力と共同というのは、未だに人間的に、社会的に、芸術的に、そして国際的になされなければならない課題なのだ。

実際の物質的な環境に対する私たちの反応は、ゆるやかな、しかし持続的な一連の美的判断として現われる。その判断は、私たちの感情に強く影響するだけでなく、それを支配もするし、混沌から秩序を、空虚から神話を、そして孤独から帰属を導き出す元にもなる。同じように、私たちはその形態的、触覚的な関係をよく知っているので、自然と人間の、そのふたつによる発明をともども喜んで享受できるのだ。これからは、環境から受け取る感情的なものは、芸術的な判断によって変化することになるだろう。

3. 提案

こうした状況認識に基づいて、一冊の本の出版を提案する。本のテーマは、レジャー環境の研究である。

コミュニティー社会の感情的な安定感と、その物質的な外観との関係は、このように、全くもって、何ら明らかにされていない。人間個人とコミュニティー社会のもっている想像力は、過去何がなされたかを示し、新しい達成を示唆することで、その隠された可能性が呼び起こされなければならない。

レジャー、つまり余暇の全分野を一冊で取りあげるのは無理だが、レジャーの環境、その現実の物質的な環境の研究に限定することで、生活を新しく活性化させる重要なポイントを提供してくれるはずだ。そして、このレジャー環境そのものの質を変えていくのは、美に関する課題なのだ。

私はここに、レジャー、余暇に関する現実の環境の物質的な側面、その意味、用途、社会との関係の研究を行うことを提案する。それは、社会共同体がともに楽しんだレジャーの施設や場の研究となる。また特に、今日的なレジャーの用途（精神の再創造、リフレッシュ、リクリエーションとしての）と、子ども時代の遊びの世界とに興味がある。教育、宗教、心理学、建築、さまざまな芸術ジャンルの専門家による援助や協力も得られることになっている。そして研究結果が出版された暁には、それがより美しい精神的な社会が計画される一助となることを願っている。

（ボニー・リチラック著、新見隆ほか訳『イサム・ノグチ、ランドスケープへの旅——ボーリンゲン基金によるユーラシア遺跡の探訪』広島市現代美術館ほか、二〇〇四年）（註4）

ここには明らかに戦後にあたっての、そして一九五〇年代以降、壮年期のノグチの二つの決意が語られていることに僕たちは注目する。

一つは、美術の鑑賞の場、その擁護の文化施設としての「近代的美術館」への根本的な疑義であり、産業ブルジョワによって再興されたモダン・アートのエリート的特権主義に対する反発である。ノグチの理想は、むしろ中世的なキリスト教的神の絶対性やそれを世俗的に支えるところの教会権力に支配されてはいるが、そしてその道具ではあったが、それでもなお、あらゆる人間が平等に、自由に、触れることのできた「社会的」で「公共的」な彫刻を、真に民衆のものとして再興する夢に向けられていくのである。

近代的美術館というのは、緊張感ぎりぎりいっぱいの、限定され、切り詰められた、ほとんどが「眼」に集約された、特権的な、美的体験の場である。今日では「ホワイト・キューヴ（白い、四角な箱）」（註5）と称されるドラマティックな劇場舞台で、つまり近代的美術館の展示室内で、色と形による純粋な視覚的要素として投げ出された他の何の意味にも転化も還元もできない抽象作品が、鎮座しながら観客との知的で精神的な対決を待ち構えるのである。（註6）エリート的特権主義と言ったのはそういう意味であり、そこでは一対一の精神的対決に似た体験が優先されるために、靴音一つでも集中を妨げる雑音になるわけであって、堅苦しく息詰まるのは致し方ない。

多くの一般大衆のモダン・アート嫌い、近代的美術館嫌い、抽象絵画嫌いは、実にこうした状況に起因している。そこには当然、観客同士の感覚的な共感や共鳴もないし、また彫刻に触れて身体で感じる肉体性などもない。美術作品を買って帰って自宅の居間の壁に掛け、夜、酒でも飲みながら対話するという感じともちがう。そうした、言わば美術に付き合う、心の対話をもつ究極のあり方とは全く正反対の、疑似体験なのである。また、そこでの芸術体験にも、あくまでも「近代＝アングロ・サクソン、プロテスタント」的な律儀な生産性が求められる。

視覚に凝集した一騎打ちでなく、時間の中で慣れ親しんで、何度も繰り返されるうちに醸成される豊かな「触覚的体験」を、映画芸術に寄せて未来の芸術体験として早くも一九三〇年代に予言したのは二〇世紀きっての文化史家、ヴァルター・ベンヤミン（一八九二―一九四〇）だが、如何せん、文化的成熟はそう簡単にはやってこなかった。この「触覚的体験」がようよう芸術体験の現場の問題や感覚になったのは、実にその予言の八〇年後の今日ただ今、二一世紀になってからのことである。

ベンヤミンの「触覚的体験」とは、決して実際に触ったり、直接身体的な触れ合いを行うことを意味しないが、むしろ比喩的に建築空間の中に包まれて、人は動いたり座ったりしながら時間をかけて身体ごとそれを体験することからはじまって、もっと過去の記憶や他人の体験との比較や重なりの膨らみもさらに加わって、優れて複合的な、ダイナミックな磁場がかたちづくられていくということの暗喩だ。ノグチもまた彫刻家の本質として、こういう、未来における芸術体験の変貌を触知していた。

そして、ふたつ目は、近代彫刻そのものへの疑義、あるいは極端に言えば決別とも受取ることのできる、新しい道筋への期待の表明である。

ノグチのパリ時代の師、コンスタンティン・ブランクーシ（一八七六―一九五七）は、モダン・アートのもつ特性、その自己求心性、還元性を求道家のように追い求めた典型的なチャンピオンと言えるだろう。そこにはもう鳥の姿はなく、空気の流れそのものが純粋に造形されているような《空間の中の鳥》や、黄金の卵が転がっているような《レダ》《ポガニー嬢》の頭部などは、造形における二〇世紀の極北の姿を示すだろうが、それはまた、ノグチには偏狭で矮小なモダン・アートのやせ細った姿に映ったと言っても、あながち外れてはいないだろう。

自然と文明のコントラスト

ニューヨーク、マンハッタン島は、おもちゃ箱をひっくり返したような街だ。あの喧騒とスピード感、地下から湧いてくるボイラーの煙と湯気、そして燻したような冬のかち栗がいっしょくたになった匂いほど無類なものはない。摩天楼の高層ビルにすっぱり切り取られた空を見上げると浮き浮きしてきて、思わず笑いだしたくなるのはなぜだろう。

南というか今のウォール街から次第に北へ向かって開発されたマンハッタン島は、その真ん中に、公園というにはあまりに奇観な巨岩や岩盤が剥き出しになったセントラル・パークを抱える。ニューヨークはコントラストの街であって、狭い島に摩天楼をぎゅうぎゅう詰めにしたその人工性と、古代的、原始的なセントラル・パークの荒涼とした景色もまた苛烈なこの街を象徴するものだろう。

この公園に、マンハッタン島が古生代にあった地形をそのまま残してある、あるいは偶然ここにだけ残ったという地質学の研究報告が最近あったという。板子一枚下は地獄じゃないが、金さえあればどんな

セントラル・パークに見られる太古の岩盤（写真手前）とマンハッタン高層ビル群とのコントラスト

メトロポリタン美術館

贅沢も享受できる、摩天楼の人工性に守られた試験管の中の純粋な消費生活、その一枚下は荒れ狂うグランド・キャニオンかはたまた大西部か、そういった古生代の大自然の奇観を見せつけるのがセントラル・パークという、ニューヨークの庭だ。

都市の骨格である摩天楼とともに、工業都市であるマンハッタンの巨大さ、途方もなさを象徴するのは、たとえばクイーンズボロ橋のような大産業構築物だろうが、よくもまあ人間がこんなどでかいモノをつくり上げたものだという、単純で直截な感想をもつ人が特に日本人には多いだろう。この橋を過ぎて電車でハドソン川を少しくさかのぼると、川の向こうには岩盤がむき出しになった切り立った大地、その広大な崖が延々と続き木々の姿もまばらな荒野の姿、里山も森の茂みもない苛烈な自然に、またまた日本人なら嘆息する。そして、理解するのである。これが、アメリカの自然と文明の闘いなのだと。

公園を背にした世界的なメトロポリタン美術館、その公園側、西のガラス張りの展示室の一角には、戦後のアメリカ美術のチャンピオン、抽象表現主義派の名作群が居並ぶ。マーク・ロスコの部屋のとなりには、クリフォード・スティル（一九〇四—一九八〇）の傑作群が一〇点ばかり勢ぞろいしている。ここに来るたび、スティル作品の切りたった巨大な画面を見上げるのだが、黒い闇の谷間が天からなだれ落ちてくるような二〇世紀の崇高さには、いつもぞくぞくして戦慄させられる。

それまで、ヨーロッパから流れてきたシュルレアリスムやダダの影響下にあったアメリカ美術が、第二次世界大戦後はじめて、自国のアイデンティティを獲得したのがこの抽象表現主義派の業績だが、シュールやダダがもち込んだちまちました「オブジェ」の影響からやっと脱して彼らが真に立ち向かったのは、アメリカの苛烈な大自然だった。それに対峙させた大画面に展開するその虚無的で宇宙的な無辺の空間こそは、大自然にはじめて対した時のアメリカ人の畏怖を表現したものだ。

メトロポリタン美術館のスティルの崇高な絵画の前に立つと、その空間はセントラル・パークの古生代の地形にも、はるか彼方、中部の大平原やグランド・キャニオンにもつながっていると感じられる。そこにはまた一九四〇年代以降、アメリカの美術が自分自身に向き合った時に到達した、ニヒリズムの暗い深淵がぽっかり穴をあけている。それは文明や消費化、産業化が行きついた、袋小路的な人間の心の闇でもある。

美術機能論と未来的芸術のかたち

乱暴な言い方をすると美術機能論というのは、きわめてアメリカ的な考え方であって、実はノグチ自身は、アメリカ人として非常によい意味で、美術は人間の社会生活のための何らかの実利的な役に立たないといけないという欲求に毒されていた、と僕は考えるのである。

それは、こういうことである。芸術というのは、経済的価値や政治的価値など、あらゆる地上的な価値概念からは自由で、あるいはそれを超えて超越的に存在するものだと僕らは信じている。それは僕もむろんそう信じるのだが、それは何ものにも置き換えられない、魂の価値だと思う所以である。

だが一方でそういう考え方は、近代以降に印象派などモダン・アートの旗手たちが、芸術は視覚的な感覚を喚起する以外に目的はもたない、純粋に光の反射する表面だという、自らを目的にする芸術のあり方を主張した残骸、継承であることも事実だ。だからそれは翻って、それ以前にあった宗教とか王権とかのためにその神聖さや威厳を象徴し、代弁するための道具であったという用途や機能性を、何ら覆すものではないという、芸術至上主義に対する反駁もまた成立する。それはノグチも同様であって、父母の祖国同士が敵味方に分かれての凄惨な戦いを、身をもって体験した彼が、社会の動きに無力だった近代芸術への決別宣言をしたことは、これまで見てきた通りだ。美術芸術は純粋透明なものであってよいはずはなく、汚辱にまみれても社会の役に立たないといけない。では果たして、芸術にどんな社会的な機能があるのか。

アメリカ的美術機能論とは、抽象美術ですらその宿命を逃れ難く、それを見て感じる人間同士の共鳴や共感に即して言葉を誘発し、対話やコミュニケーションを深めるためにある。ひいては互いに異なる文化風土に育った者同士の感受性のちがいを理解させることになる。あるいは如何なる人間同士も趣味や感覚のレヴェルまで降りていけば、完全に理解し合えるなどということは絶対になくて、だからこそ手厳しい、淋しい、あるいはさもしい現実から逃げずに、人間の原罪的な誰もがもつ卑小な弱さ、そこを原点としてそこから出発することができる。そして、それをお互い人間に教え、あまつさえ楽しみながらも訓練させる、他に類例を見ない「もの」が美術なのだという主張である（註7）。芸術は、多くの人間が直面している、社会的な困難や問題に、有効に立ち向かえる最大の武器で絶対にあるべきだ、ということだ。「アウシュヴィッツ以後、詩を書くのは野蛮である」と言ったのは、ユダヤ人哲学者にして音楽学者、テオドール・アドルノ（一九〇三―一九六九）という人だときくが、第二次世界大戦を経験したノグチの中には、芸術がそういうこの世の存在として無力なものに終わってなるものかという反語的な矜持と決意があった。だからどうしても、共同体によって完成される共感の新たなシステムとしての社会的な彫刻、使い、遊び、転がり、語らい、時間と身体の交わりの中で、老若男女がともにそれぞれの年齢気分で自由に楽しめる芸術としての「庭」がノグチには必要だったのである。

視覚だけに専横されない、五感の芸術。身体の記憶と、その現在性。自然の四季や日々の時間の中で感じる風や光。その変化変容の諸相。そういう環境＝時間＝身体の広がりと絡み合いのダイナミズムそのものとして、芸術行為をはじめられないか。それが、ノグチが終生「庭」という芸術形式によって問いかけ続けた未来的芸術の意味である。

それをまた大きく広げていけば、美術の完成者としての観客による豊かで、また一方では予定調和に決して落ちつかない果敢な受容体験があり、自然の時空とのコラボレーションの輪は、今日我々皆が知るような異文化に対する無理解、無関心を乗り越えて、無限に宇宙的なダイナミズムをともなって育てられていく。乱暴に言えばノグチは、一面ではアメリカ的な美術効用論者なのである。

翻って、本来、多民族・多文化国家であったはずのアメリカが、アフガニスタンやイラン、イラクなど、異文化であるイスラム文化圏の人々に対して現在示している無理解、無関心を、もしノグチが生きていて目のあたりにしたら、果たして如何に慨嘆するであろうか。それには、想像を超えるものがある。

ライトとノグチの実利教育的空間

北海道札幌市の郊外に、ノグチが基本設計を行ったモエレ沼公園がある。札幌＝サッポロというのは一説ではアイヌ語で「サッ・ポロ・ペッ＝乾いた大きな川」という意味だそうで、その昔にアイヌの人たちがアキアジ（鮭）を獲っていたであろう石狩川の支流である、市中を流れる豊平川を指す言葉だ。モエレ沼は、この川のほとりの湿地帯の一角にある。この沼はもともと洪水による河跡湖で、ゴミ処理場としてゴミで埋め立てた後に造成公園になる予定だった。ノグチが市の要請ではじめて札幌を訪れたのが一九八八（昭和六三）年三月であり、複数の公園候補地の中からノグチが選んだのがこの場所だった。ノグチはその年の暮れには永眠するのだが、全一八九ヘクタールにおよぶ全体計画は、その半年余りの間で既にほぼ終えられていたのである。

僕は完成前から幾つかの段階で訪れているが、その強烈な印象はますます強くなるばかりで、訪れるたびにちがった発見もまたある。はじめて訪れたのは、一九九八（平成一〇）年のプレ・オープンというか、第一次開園の時だった。高さ三〇メートルの「プレイマウンテン」の壮大なモニュメント性に圧倒され、頂上までの斜面の全面を石組みと芝とを交互に階段状に使った広々とした爽快感がこれまた無類のスケールで、すぐに、これはマヤだ、テオティワカンだと興奮した覚えがある。「テトラマウンド」をシャープに取り囲むステンレス柱による巨大な三角錐の圧倒的な力のダイナミズムもある。カラマツの林から北の大地の原生林を想い、また森に散在する子供の遊び場、滑り台の山や砂場のコンクリート使い、さらには「オクテトラ」や「プレイスカルプチャー」の配置や構成の巧みさに遺憾なく発揮される造形家としてのノグチの手腕に舌を巻いて、飽かず何時間も歩き回った。

公園は川の湾曲した中州のような場所にあって、全体の構成が崇神陵（行燈山古墳《あんどんやま》）や仁徳陵（大仙陵古墳）など、畿内に散在する古代墳墓に似ていなくもない。はじめて訪れてあたふたと歩き回りながら、それはすぐに感じたことである。僕たち日本人は、壮大でモニュメンタルな建造物や構築

上・オクテトラ、下・スライドマウンテン
（写真提供：モエレ沼公園）

フランク・ロイド・ライト（1867-1959）

物をそう見慣れているわけではない。そのためか、想像を超えるような巨大なもの、崇高なもの、そうしたものにはじめて出会った時に、自分の少ない過去の記憶から最も似ているものを掬《すく》い出す習性があるのかも知れない。近代的な制度や国家を超えたユーラシア文化、モンゴロイド文化に絶大な共感を示したノグチのことだから、ふとこれは先住民族アイヌへのオマージュかも知れないなと考えたりもした。

さらに僕は、一九二三（大正一二）年、関東大震災の年に竣工した、アメリカ人の巨匠建築家、フランク・ロイド・ライト（一八六七—一九五九）の設計による東京・日比谷の帝国ホテルのことを連想した。ライトは、皇居の前に建つ日本ではじめての近代的なホテル建築として、アメリカ人の文明のルーツであるマヤ文明の意匠を日本人への贈り物にしたと言っている。周知のようにライト設計の旧帝国ホテルは、設備の老朽化のために一九六〇年代に取り壊されて、そのロビー部分だけが愛知県犬山市にある博物館明治村に移築された。

全面大谷石を積み重ねて、愛知県常滑で焼いたスクラッチ・タイル（レンガ）を多用した、ごつごつと凹凸だらけの建築に、光の柱が輝く、床面の高低差や段差に富んだロビー、そして仄暗い穴蔵のような廊下など、すべてが異形の、異国の古代神殿のような気配を纏《まと》い、当時の日本人にライトの意図通り伝わったであろうことは想像に難くない。

また一方、日本の浮世絵の蒐集家でもあったライトの建築言語は、広重や北斎の浮世絵に顕著な特徴、非常に特殊な空間的組成をもっていて、空間を分厚いマッスやヴォリュームとして捉えるルネサンス以来のパースペクティヴによらないもの、つまり視覚の面が画面の中にいくつも重ね合って錯綜する、それこそ「日本的空間」に学んでいる。それから、日本の室内空間が、単純な矩形や方形のさまざまな意匠の積層で構成されるものであって、軒や長押《なげし》を伸ばして空間を低くしながらも、水平方向に広がる暗がりと開放の絶妙なコンビネーションであることも大いに参考にしているのである（註8）。そしてまた、自然そのものの変化し変容する微細な宇宙の雛形としてのダイナミズムに対する共感、小さな草木に対する無情の愛着と、そのはかない生成消滅こそを世界の諸相そのものとして感じ取る感受性を受け継いでいる。

結果ライトは、空間の組成に関して、二〇世紀の作家たちがいったんはアール・ヌーヴォー的で古くさいものとして捨て去った「自然に倣うという装飾」を再び拾い戻した。そしてその空間は、植物や樹などの生命体の有機的連鎖連携を幾何学的に抽象化したもので、最小単位である最も単純な幾何学的形（その多くは、縦横線の交差するグリッドである場合が多いのだが）を、積分的に集積して構築していったものである。そうしたライトの建築言語が、「神秘的空間」とか「流動する空間」とか言われる彼の新しい空間の源になっている。

ライトは、ドイツの教育学者、フリードリッヒ・フレーベル（一七八二―一八五二）に大変影響を受けているが、それは、フレーベルの考案したガーベ（恩物）と称する教育玩具（単純な幾何学的形による積み木など）を幼いライトに与えた教育熱心な母親の影響によるものだと、ライトはしばしば語っている（註9）。ライトの母親が信じたのは、子供の時にそういった幾何学的な抽象化を身体に触れる感覚で覚えた人は、思考能力がよりよく発達し、しかも後に植物などの複雑な有機的形態をデッサンする力などにも著しい才能を発揮するという、フレーベル哲学であった。これも一種、ヨーロッパの原理主義がアメリカ一九世紀的な実利主義に浸透したものである。ライトも、むろんノグチも、その才能の源泉を母親の力から受け継いでいること、それもまた自明のことのように感じられる。三つ子の魂百まで、である。

三角錐の四つの角を切り落とした八面体であるコンクリートの遊具ユニット「オクテトラ」や頂上から螺旋形の滑り溝のついたコンクリートのとんがり山「スライドマウンテン」（一六七頁図参照）の発想は、ノグチが一九五〇年代に手掛けた横浜「こどもの国」の遊び場の設計にはじまる。モエレ沼公園で集大成されたこれらの遊具の造形思想に一貫して流れるものは、最も単純で原理的な形である三角、四角、円という三要素をより立体的に、そして徹底して強烈な触覚的体験の原理に戻して据え直そうということである。この子供の造形教育に対する彫刻家としての確固としたノグチの視点こそが、これらの傑作群とあまたある凡庸な遊具デザインとを劃然《かくぜん》とさせている一番の要諦である。モエレ沼公園のすべての造形は、単なる遊具としてだけではなく、一貫して未来の子供たちのための教育玩具として構想されたものなのである。

これをデザインにおけるアメリカ的な原理主義というのは、たぶんかなり乱暴な議論だろう。しかしながら、多民族・多文化国家であるアメリカにおいては、このような一方で乱用されると危険なものながら

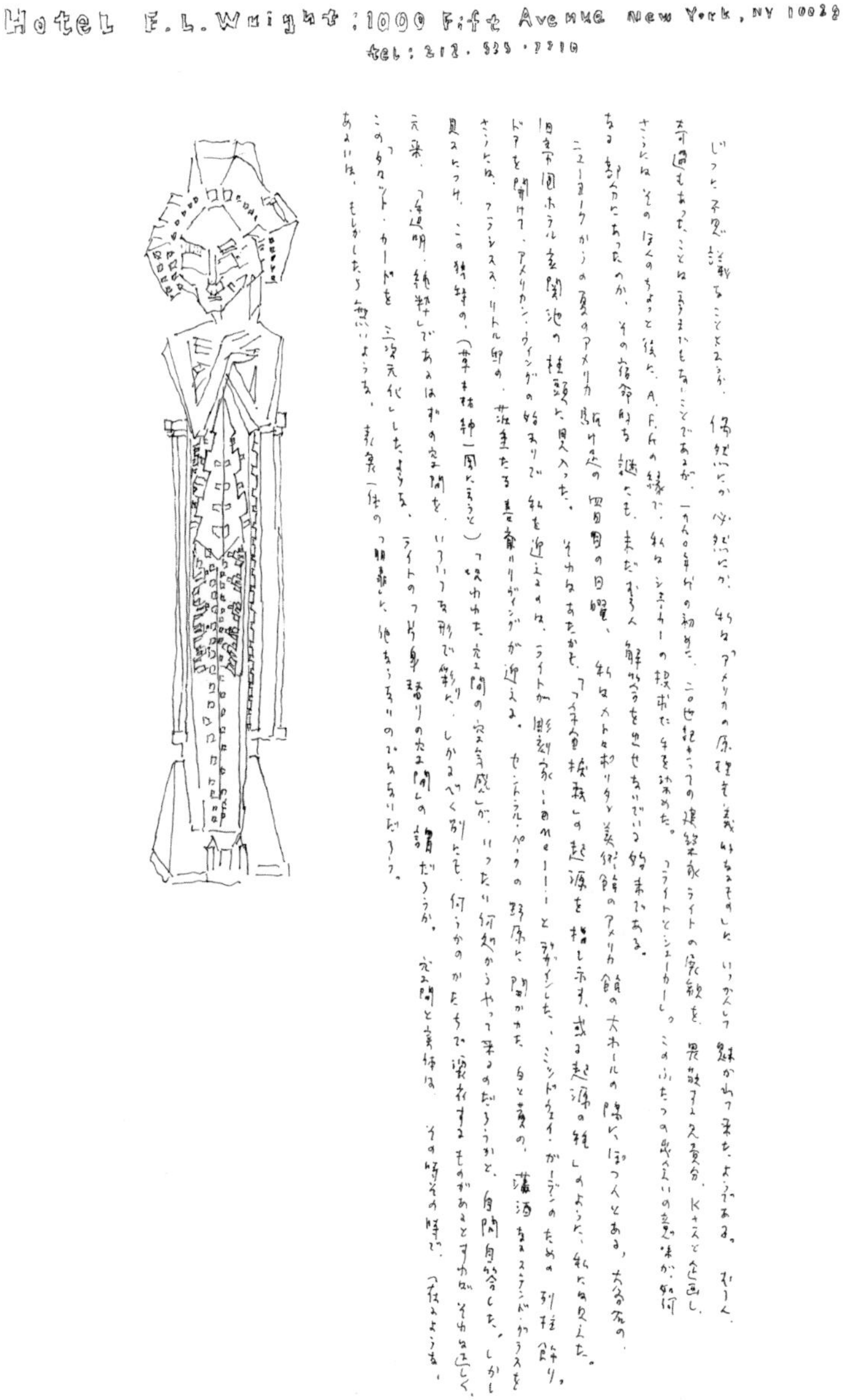

ライトと彫刻家アルフォンソ・イアネッリによる石彫《Sprite》（メトロポリタン美術館蔵）
新見 隆「私のフィールド・ノート」より

も、単純で誰でもわかりやすい原理的な機能論のようなものが、どのジャンルでも要求されるのである。このことは、現代においてはその弊害も含めて未来への効能としても再考する必要があるだろう。

いずれにしても、ライトもノグチも、結果として構築物全体の成す大きなイメージとしては世界文化遺産的な遺跡のイメージをもってしながらも、一方では、そんなことはどうでも構わない子供や、子供のように身体の感覚でかたちを感じる野性的人間に対しては、求めようとすればアートの神秘が空間の組成の秘密も含めてちゃんと身体でわかるように、周到な準備をしているのである。

異文化の造形という未来教室

「二〇世紀屈指の抽象彫刻家」であるノグチを別の言い方で表現すると、インドの建築家チャールズ・コレア（一九三〇—）が指摘するように「異文化の造形家」と言うのがあたっているだろう。世界中を旅しながら、ノグチは、他の誰も真似できないやり方で、それぞれの土地に固有の風土や環境を掘り起こしていった。だから彼の生涯と作品は、ノグチの肉体が自然やそこに住む人間とぶつかり、愛し合い、溶け合っていったその痕跡、すなわち「地球彫刻」なのである（註10）。橋渡ししたとも、かつて誰もやらなかったかたちでアマルガム化、合金化したとも言えるが、それがここでの「異文化の造形家」の意味なのである（註11）。

モエレ沼公園を僕が三度目に訪れたのは、二〇〇五（平成一七）年、ノグチ生誕一〇〇年祭の翌年、実に構想設計後そして死後一七年目にして完成された、開園グランド・オープンの時だった。北の大地の透明感にうまく調和するすっきりとしたガラスのピラミッドも二年前ほどに完成していたが、最後の構築物である高さ五〇メートルを超え、言いようのない量塊性を誇るモエレ山では、マヤの太陽の神殿やインカのクスコ神殿を思わせる長い階段もさることながら、脇腹のなだらかな草原を登っていってこそ爽快な大地との出会いが身体で感じられたのである。誰もが経験するであろう小学校の時の遠足登山が、身体の底から甦ってくるのには驚愕した。

海の噴水（写真提供：モエレ沼公園）

また、「海の噴水」は、一九七〇（昭和四五）年の大阪万博で四角い纏《まとい》のようなものが回転上下しながら水の彫刻をつくり出したノグチの魔術的手腕を、壮大な規模で再現したものである。海のさまざまな状態をイメージしていて、高く噴射された水の大きな柱が海面のうねり沸き立つような表情に変化していく様子など、限りなく楽しませてくれる。また、それをカラマツの森を抜けた先の場所に設置したのも、北海道の神秘を思わせて巧みだ。

公園全体はむろん巨大な「庭」なのだが、ノグチの庭における優れた身体感覚は、歩きながらのシークエンスの展開や高低差が与える視線の変化的な歓び、そうしたものの絶妙なバランスに常に現れる。山の階段を下りた向こうにある、広々とした四角い芝生のステージは石組みで囲んであり、その石組みに腰掛けてみれば、全体は真っ平らではなくゆるやかにカーヴしている。その鳥瞰もまたヨーロッパ、特にイタリアはローマのカンポ・サントやサン・ピエトロなどの、大きな寺院前の広場の石畳の庭にそっくりなのだ。言うまでもなく、そっくりなのはかたちや外観ではなく、そこに座った時の視覚の鳥瞰も含めての身体的空気感のことである。

モエレ沼公園に最終的に結実したように、ノグチの後半生は、今日、ランドスケープとか建築的な環境設計と呼ばれるようになった庭とか、公園とか、彫刻を含んだ大規模な大地のプロジェクトに捧げられた。「地球を彫刻した男」というのは、その意味で、ノグチの仕事の本質をうまく言いあてた名キャッチ・コピーだ（註12）。多ジャンルを越境的に仕事した超人というイメージのあるノグチを、地球のさまざまな土地を愛し、人間を愛し、風土と文化のエッセンスをかたちにした異文化の造形家だったとさらに理解すれば、その言葉の示すノグチ像はいっそう核心に向かって深まる。地球を愛した男が、また徹底して嫌ったものもある。混血であるがゆえにいずれの社会にも帰属できず、生涯、孤独を友としたノグチには、どの社会もがムラ的に、そして近代的にいやおうなくもっている因習や制度を徹底して嫌った。むしろ彼の辞書には、そのようなものが存在しなかったと言うべきか。

どこへ行ってもノグチが愛着を示し、自らの肉体に血肉化してもち帰ったのは、民族や風土の最も原形

モエレ山（写真提供：モエレ沼公園）

的なもの、文化の根っこに広がっている、おおらかで、自由で、野性的で、途方もないものだった。だから、古代的なもの、原始的なものが大好きだったのだ。ノグチの庭のヴォキャブラリーもまた、ユーラシアを中心に変幻自在である。「プレイマウンテン」は、アズテカのテオティワカン遺跡やインカの空中都市マチュピチュの石段。その横の、石垣で囲われた巨大な四角い広場もクスコか南米の古代文明の遺跡。あるいは、ヨーロッパ起源で言えばギリシャのアゴラやローマのピアッツァ、サン・ピエトロ広場か。「モエレ山」は、石の階段の側からはこれもアズテカの太陽の神殿に見えるし、反対側からは日本の古代墳墓を大きくしたものにも思われる。他にもエジプトのカルナック神殿やクレタのクノッソス宮殿、ストーン・ヘンジ、龍安寺の石庭などなど。そして、アンコール・ワットやジャイプールの天文台は文句なく、プレイスカルプチャーを中心にしたノグチの彫刻イメージの源泉にいつもあった。

むろん、そうした参照はそれだけでは意味がない。すべてがノグチの肉体の中で、新しい、全く未踏の造形や風景に変貌させられているとは言え、モエレ沼公園から、今日、ノグチの肉体を通して蘇ってくるのは、実に世界遺産群と言ってよい古今東西の文化遺産からの見えない霊的な呼び声だ。それに気づかないなら、美しく、雄大で、のどかでもあるこの憩いの場に来ることの意味はないだろう。なぜなら、ここには地球の時間と人間の時間が交差する場が、先取りされているからである。この土地そのものが、過去から未来の悠久の時間を取り込みながら、人生や人類の旅の構造になぞらえてあるのだ。

ノグチの最後の「庭」であるモエレ沼公園は、二一世紀芸術に向けての北の巡礼地となった。人は巡礼地としてここを訪れ、そしてこの中でまた自分と宇宙との対話としての多層的な巡礼を体験する。ここはまた、芸術のための未来教室なのである。ここにいれば人は世界人でもあり、宇宙人でもある自分を感じる。それがモエレ沼公園に、そしてノグチという人格を通じて僕たちに伝えられた、地球からの贈り物の教えなのだろう。

註

個別の註の前に、まず断っておかなければいけないのは、本稿は、基本的には、山野英嗣さんをはじめ京都国立近代美術館の研究員の方々を中心としてすすめられてきた科学研究費補助金（A）「東西文化の磁場――日本近代建築・デザイン・工芸の脱―、超―領域的作用史の基礎研究」の研究成果の一つとして公刊された山野英嗣編『東西分化の磁場――日本近代の建築・デザイン・工芸における境界的作用史の研究』（国書刊行会、二〇一三年）に寄稿した、「二十世紀的彫刻から二十一世紀的庭へ――イサム・ノグチの反モダニズム的転向」から、後半部分をとって、ミュゼオロジー文脈に置き換え、読み替えながら、F・L・ライトの考察を加えて、新たな論としたことである。それは、一九九九年四月の開館以来、学芸顧問としてかかわっている、香川県高松市の「イサム・ノグチ庭園美術館」と、その運営母体である「イサム・ノグチ日本財団（公益財団法人）」へ参画したことから生まれた、ミュージアムに対する実践的知見であり、また、ノグチその人を単に偉大なる二一世紀的芸術家として捉えるばかりではなく、新しいタイプのミュゼオロジスト（美術館構想家）として照射することを、僕にうながしたのである。同財団現理事長で、ノグチのパトロン、盟友であった石彫家和泉正敏さんをはじめ、スタッフの皆さん、理事評議員の皆さんに、心から感謝している。

また、本稿のある一部分が、かつて学生たちとの共同プロジェクトで、青山のAKI-EX GALLERYで行った、「未来の娘たち――人形の庭」展の私家版パンフレット『庭の幻想――未来の娘たち』に書いた、「機械と肉体のはざまの庭――マルセル・デュシャンのマンハッタン」（かつての手書き原稿からの文字起こしを、当時の四期生がやってくれたので、ここで学生たちと、たいへんなご協力をくださった、秋薫里さんに、謝意を表したい）のごく短いある部分と、内容的に重なっている。

1 かつて学生時代、ゴーキーの作品集をもっていた。たしか、後に自分もそこの学芸員として勤めることになる、旧西武美術館で開かれたゴーキー展に際して出版されたものか、その図録だろう。そこに、たしか、これも後に仏文の後輩というので親しくしてもらったが亡くなった、岡田隆彦さんによるゴーキー論があって、熱心に読んだ。そこからの、もう古い記憶である。

2 この小論のノグチに関する伝記的部分や史実は、さまざまな展覧会図録で、ニューヨークのノグチ財団のキュレーター、畏友ボニー・リチラックや、アルキヴィストのエミー・ハウが編纂した伝記に負うてもいるが、そのほとんどすべて（と言っていいが）は、ドウス昌代さんによる傑出した評伝『イサム・ノグチ——宿命の越境者』（上・下、講談社、二〇〇三年）から学んで、借用したものである。

3 高校時代から耽読した、畏敬する大久保喬樹さんの「ジャクスン・ポロック——Mに」（『クリュニーの天使——美の幻』、小沢書店、一九七五年）から借りた。

4 *NOGUCHI: THE BOLLINGEN JOURNEY*
Photographs and Drawings 1949-1965
February 13, 2003 through October 13, 2003
Curated by Bonnie Rychlack
The Isamu Noguchi Garden Museum, New York
ニューヨーク財団のアーカイヴにあった申請書類を、ボニー・リチラックのキュレーションした「ボーリンゲンの旅」展を日本に巡回した際に、展覧会の小パンフレット用に訳した拙訳である。

5 「ホワイト・キューヴ」を誰が言い出したかは、不勉強で知らないが、ちょうどＭｏＭＡの開館の時代は、「美術の価値が、礼拝的価値から展示的価値へ転じる」と言ったヴァルター・ベンヤミンが、有名な『複製技術時代の芸術作品』を書いて、映画を念頭においた、新たな芸術体験「触覚的体験」を予言した時に重なる。

6 鹿島出版会の『ＳＤ』誌（一九八三年一月号）「ニューヨークのアール・デコ建築特集」岡田隆彦による論考より、借用した。

7 アメリカの美術機能論については、僕はそれこそＭｏＭＡのエデュケーターであった、アメリア・アレナスさんから、そのまま学んで借りていると言って過言ではない。彼女が来日した時に、直接的に「身体に染み入った」者の一人だろう。今では、それに諸手を挙げては賛同できない部分もあるが（まあ、しかし、僕は、生粋のよくもわるくも展覧会屋なので、やや専門外のジャンルではあるのだが）、そのインパクトは日本の教育普及業界にも大きかったと言わざるを得ないだろう。アレナス関係の図書はあまりに多いので列挙しないが、お目通しいただきたい。

帝京科学大学教授の上野行一さんも「作品を前にした時に観客のなかに起こった何か、それがさらに作品なのだ」と『まなざしの共有――アメリナ・アレナスの鑑賞教育に学ぶ』（淡交社、二〇〇一年）で論述されているが、この言葉は、僕ら美術館関係者が現在等しく共有している、今日的ミュージアムの思想であるだろう。

8・9 僕のライト学は、そのほとんどすべてを、ライト研究の泰斗にして碩学、谷川正己先生の圧倒的な著作群、そして谷川睦子先生の翻訳に学んで借りたものばかりである。ＳＤ選書『フランク・ロイド・ライト』

（鹿島出版会、一九六六年）から、『フランク・ロイド・ライトの日本――浮世絵に魅せられた「もう一つの顔」』（光文社、二〇〇四年）までの、いずれかの一冊をぜひ、繙かれるのを強くお勧めする。

10・11　イサム・ノグチ生誕百年記念国際芸術シンポジウムとして「イサム・ノグチ［1904-1988］の遺したもの――古代から未来・宇宙への交信」が、二〇〇四年一一月一三日に、イサム・ノグチ日本財団主催で、香川県高松市の「かがわ国際会議場」で開かれた。そのシンポジウムの基調講演を行ったインドの現代建築家、チャールズ・コレアの論旨から、学んで借りたもの。詳細は、イサム・ノグチ日本財団発行の記録集を読まれたい。

12　札幌テレビ放送の伊坂重孝会長（当時）の肝いりで制作されたＴＶドキュメンタリー《イサム・ノグチ　地球を彫刻した男》（プロデューサー：林健嗣、一九九六年）で、一躍、この名コピーが流布した。

第6章　現代のミュージアム事情を見る

――観光、リテラシー、触覚的空間

新見　隆

世紀末ミュージアム考

ちょうど二〇〇〇年頃に、僕は学生たちと大学の近くで開催されていた「立川国際芸術祭」を観ながら散歩したことがある。国内外の女性作家が招かれて、多くの作品が銀行やショップのガラス・ウィンドーなど屋外も含めた街の中に展示された、なかなかにユニークな「場に固有な＝サイト・スペシフィック」な芸術祭だった（註1）。

大規模なパブリック・アートの展開として話題を集めた「ファーレ立川」も、一緒におさらいしたのだが、ふだん美術館という閉鎖空間の中で作品を見ることに慣れている学生たちは、その作品体験のあり方に、大きな疑問を感じているようだった。曰く、「よく見えない」「見過ごしてしまう」「集中できない」云々。プロフェッショナルの卵である彼らがそうなら、一般の市民はなおさらそうだろう。銀行の前に設置してあったメタルの彫刻に、掃除の箒が立てかけてあったのには、笑いを超えて、ちょっと悲しいものを感じた。

ある友人彫刻家は「アートなんて、見たい奴だけが見ればいいんだよ。万人が興味をもつ必要なんてない。見せられて迷惑な人だっている」と宣う。パブリック・アートの是非をここで云々するつもりはないが、僕らの日常の生活空間の中で、その本質は別にして、アートとは「人々にはっきり認識されるか」という表面的な機能では、かくも脆弱で頼りないものだ。

日常とは、雑多で些末な膨大なカオス、それぞれの人にとっては懸命なあれやこれやの集積であって、言わば「動の空間」だ。そのカオス的動空間の中で、一見、じっと押し黙っているように見えるアートは、通常は見向きもされないものだ。駅前の少女像に見入る人が、いったい何人いるのだろうか？　これは、モニュメントの歴史、公共の広場そのものの役割が、都市国家ヨーロッパ起源であることにも原因がある。それは置いておいて、ならば物理的に「作品が動けばいいか」というと、これは比喩であって、社会的、経済的なものを含めて、真に動的な作品が出てくれれば状況は変わるのかもしれない。インタラクティヴ的作品が難しいのも、こういう文化的背景のちがいにも遠因がある。

そこで僕らは誰しも、かくも脆弱で、日常のカオスの中では飢え死にしてしまいそうな（表面上は）、未熟児であるアートを守る器、保育器としての「美術館」という近代的役割に思い至る。もちろん、パブリック・アートも、○○芸術祭も、その保育器の変種であることからは逃れられない。

立川国際芸術祭と同じ頃、尊敬する大先輩がロンドンから葉書をくれて、新装なったテート・モダンを見て「美術館とは、つくづく、根っからの、近代の産物であると痛感した」と書いてきた。むろん、新たな、脱近代的美術館像を模索するこの大先輩にとって、事は悲観すべき状況なのだ。アートが、そしてその保育器たる美術館が、未だに「見せる」ことと「見せられる」ことの間の、見世物小屋のようなテーマ・パーク的起源から抜け出せていないことに、苛立ってのことだったのだろう。

ロンドンのテート・モダンは、国の文化行政がロンドン市と結託して、旧のヴィクトリア朝倉庫街を、現今のモダン・カフェ、ショップの乱立と老若男女のごったがえす一大観光名所と成して、さらには地域再開発を一発技で成し遂げた、一大文化行政＝経済行政ジョイント・プロジェクトの大成功例として歴史に記憶されるだろう。

その後、僕はテート・モダン詣でをした。カフェ、ショップなどサーヴィス施設のどれをとっても、経済的な気構えを含めて、行政のやる気、力の入れ方がまるきりちがう。従来の年代順でなく、「身体と風景」「静物とオブジェ」などテーマ別に作品が並べてあって、現代アートを何の先入観も知識もなく、自由に見て楽しんでください、という意図もわかる。ただ、固定された美術の枠組みを超えようという美術館の意図が、逆に、その彼らの考える「堅い美術という枠組み」を感じさせる。守られた「保育器」。それは、変えられないのか？　商業主義ふんぷんで、テーマ・パーク然として、もう美術館は社会からのつまはじき者じゃない、経済的にもきちんと自立している大人だ、と言わん気な顔をしているテート・モダン。だからこそ、余計にそう見える。

人間のゲノムに内在している自己中心的専横性は、３・11を取り上げるまでもなく、現今、環境汚染や食糧危機、テロ、民族間の紛争、心の病などさまざまに世界を脅威にさらしている。ある生物学者が予言したように、このままでいくと、人類は滅亡の危機に曝されるかも知れない。そのようなゲノムの専横に、僕ら人類がもっている唯一有効に作用し得るツールとして、近代は「アート」をこそ呼び出し、それを「美術館」という保育器によって培養してきた。ゲノムに反発批判するのには、社会的機能を有しているものでは駄目で、それからは限りなく遠い存在、一見、社会的に無意味・無価値（という社会批判性）

をその根源に内包しているものでなくてはならない。これが言わば文化であるとしたら、近代が発明して開発した、文化の保護機能である「美術館」は、人類延命のためのもっとも急先鋒的責務を担った、社会的に最重要の反近代的な兵器と見ることもできるだろう。

「保育器」である「美術館」とは、果たして社会の外、あるいは内、いずれにあるものだろうか。（註2）

生活へ、環境へ

現代のミュージアムが、人間生活に大切な、「生活」と「環境」に開かれていなければならないのは言うまでもないことだが、それらを僕が実感したのは、二〇〇三（平成一五）年に相次いでオープンした、東京・六本木の森美術館と神奈川県立近代美術館 葉山を目のあたりにした時だった（註3）。

一方は、都市開発の最大手として成長した企業が、東京のど真ん中の商業開発地域の文化的コアとして設立した、コレクションをもたないクンストハーレ（展覧会場的ミュージアム。二〇〇五年よりコレクション開始）。もう一方は、戦後の近代美術館の先駆的存在として主導的な活動をしてきた老舗ミュージアム、通称「鎌近」の新たな館として、風光明媚な海辺の爽やかな風の吹く葉山の海岸にオープンした。

これらは僕らに、都市喧噪の最中、しかも商業施設の乱立する最新鋭の都市開発の中で人間臭い「生活」に開かれたミュージアムと、豊かな自然「環境」に開かれたミュージアムという、二一世紀のミュージアムのしかるべき二つのかたちを示してみせた。ところが実は、これは一方で、人間がミュージアムに潜在的に求める、あるいは、ミュージアムが人間の潜在欲望の鏡であるような一側面を垣間見せているように、僕には思えたのである。

六本木ヒルズ。森美術館は、六本木ヒルズ森タワー（写真右側）の53階にある

森美術館　センターアトリウム

神奈川県立近代美術館 葉山

ミュージアムを構想する時に、ある意味つねに議論になるのは「都市型」か「田園型」か、という議論である。これは僕が思うに、人々が芸術の源泉を「生活」あるいは「自然」のどちらかに、より身近に感じているのか、ということを暗示しているような気がするのである。すごく乱暴に言うと、ミュージアムとは、人間の想像力がより自由で豊かになってゆく、そのトライアルの場なので、昔の人々は空を見て、木々や花を愛でて、そこに心を寄せて豊かに暮らしてきたことを考えると、ミュージアムができる前には、自然そのものがミュージアムの肩代わりをしていたともいえる。また、美しいもの、豊かなものは、人間はより身体に近い家の中とかに置いて、いつも身近に感じていたいと思って暮らしてきたので、さまざまに愛着のある道具類や設えの中での気持ちのよい日々の暮らし、つまりは「美的生活」はまたミュージアムの元祖であったとも言える。

先に挙げた二館がオープンした時にある新聞の美術記者が、かたや商業施設を取り込んだ、かたや海辺の自然に向かった傾向を指して、「二一世紀の美術館は、生活と環境に開かれていくようだ」と書いた。極端に皮肉に見れば、かつての美術館という精神の神殿は、今日、それ自体では自立できずに、消費と観光とに向かって媚を売らなければ生きていけなくなったとも読み取れる。ミュージアムという文化施設は、実に幅広い振幅の中を生きている動物のようなものであり、その振幅の左右の限界にはそれぞれ神殿とテーマ・パークが位置している。

いずれにしろ、そこには、「いつ行ってもがらがらでは駄目だ」「利用されなければ意味がない」「敷居が高いと敬遠されていては生き残っていけない」という、美術館の側からの切実な反省があるし、ミュージアムこそが二一世紀の新しいコミュニティーの場になるべきだという、意欲的な大きなうねりも感じられる。乱暴に言えば、誰もが普段着でふらりと入っていける、軽やかな社交の場が求められているようなのだ。

元来日本人は、書画・工芸などを生活の中にしっとりと根づかせ、日常で使い、楽しんできた。茶会のように、会話やコミュニケーション、食なども入れて、五感の伸びやかな楽しみ全体を美的体験としてきた。そういう伝統に比べれば、明治以来のミュージアムは、美だけを切り取って箱に入れたような、日本人にはちょっとそぐわない、確かに西洋からの移入物だった。一〇〇年がたって、今やっと日本のミュージアムも日本的に淘汰され、成熟したのかもしれない。

二〇〇四（平成一六）年に開館した金沢21世紀美術館や、同じ頃に改築オープンしたニューヨーク近代美術館などにも、そうした傾向が見てとれる。手法はちがうが、卓越した建築家を起用して、従来のような、しんと閉ざされた美術の鑑賞空間を変えた。いずれのミュージアムも、静謐なアートとの対話を邪魔しない範疇で、最大限、都市のにぎわいや広がりのある軽やかさを巧みに取り込んで成功している。

二一世紀の新しいミュージアム像ということで言えば、四国は、美術館立国できる要素が多い。理由はやはり、土地の記憶が豊かで、それを新しいかたちで掘り起こそうという、高い民度があるからだ。お遍路さん、金毘羅さん、しまなみ、うどん、風光明媚な海山、古い街並み、云々。後から取ってつけたものでなく、自然発生的な文化資源の宝庫だ。観光こそが、場の記憶を追体験し再活性化する文化だ、という日本人気質がいい形で生きている。

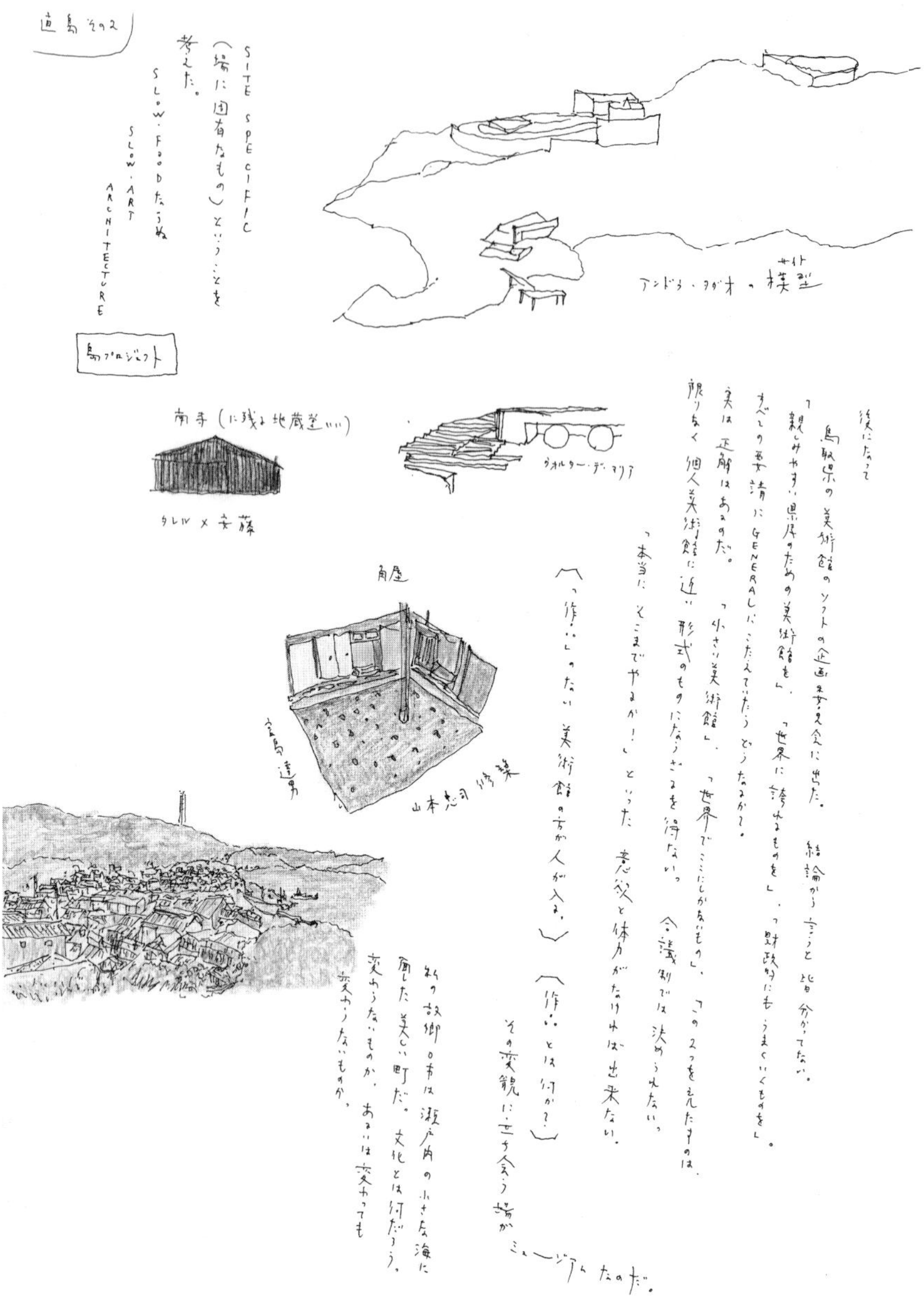

直島その2
SITE SPECIFIC
(場に固有なもの)ということを考えた。
SLOW・FOODならぬ
SLOW・ART
ARCHITECTURE
アンドウ・タダオの模型
島プロジェクト
南寺(に残る地蔵堂いい)
タレル×安藤
ウォルター・デ・マリア
角屋
宮島達男
山本忠司 修復
後になって
鳥取県の美術館のソフトの企画委員会に出た。
結論から言うと皆分かってない。
「親しみやすい県民のための美術館を」、「世界に誇れるものを」、「財政的にもうまくいくものを」。
すべての要請にGENERALにこたえていたらどうなるか?
実は正解はあるのだ。
「小さい美術館」、「世界でここにしかないもの」、「この2つを支えたすのは、
合議制では決められない。
限りなく個人美術館に近い形式のものにならざるを得ない。
「本当にそこまでやるか!」といった意欲と体力がなければ出来ない。
〈「作品」のない美術館の方が人が入る。〉
〈作品とは何か?〉
その変貌に立ち会う場がミュージアムなのだ。
私の故郷の市は瀬戸内の小さな海に面した美しい町だ。文化とは何だろう。
変わらないものか、あるいは変わっても変わらないものか。

《直島》 新見 隆「私のフィールド・ノート」より

二〇〇五（平成一七）年に開館した香川県立東山魁夷せとうち美術館は、美術館建築の巨匠谷口吉生による、実に愛らしいロマンティックな極小美術館だ。透明で繊細な建築が語るのは、静けさに満ちた絵と、画家の祖父の出身地だという島を遠望する気持ちのいいテラス。それらを結ぶ画家自身の記憶をたどる、物語性に富んだ文化体験の空間だ。

香川には、ユニークな美術館が多い。島の文化を掘り起こすベネッセの諸施設や、他の章で取り上げた猪熊弦一郎先生（一九頁参照）やイサム・ノグチさんの秀逸で独創的な個人美術館。徳島・鳴門には、世界の美術史が体験できる驚異的な陶板名画美術館である大塚国際美術館などがある。

お遍路さんは言うに及ばず、観光とは元々、先人の記憶を行く先々の土地にたどる真摯な文化的体験だった。そうした高度な観光とミュージアムが文化的に交わる場が、近年、四国の各地で生み出され、活用されていることは注目に価する（註4）。

ミュージアム的現代における三種の神器

僕は担当するミュゼオロジーの授業で、三つのことを常に頭の隅に置いておいて、この「世界編集」とも言うべき学問を学んでくれるように学生たちに頼んでいる。その三つとは、「観光」「リテラシーを超えること」そして「触覚的体験」。結論的にまとめると、この三つは、現代社会がミュージアムに要請する「新しい開かれたかたち」の三態三様であって、いずれも「地域（の伝統文化）へ」、「作品（の新しい体験）へ」、「観客（の五感的身体）へ」と読み直せば、現代ミュゼオロジー研究の三つのキーワードにもなり得る。

一つにはまず「観光」だ。元来、お伊勢詣でやスペインのサンティアゴ・デ・コンポステーラ、フランスのルルド等キリスト教関係の聖地巡礼を考えればわかるように、地域共同体で暮らしている人々の中から、その代表が「聖地＝見えない光を発する地」に赴いて、その光に与り、その縁などの土産をもち帰って皆に分けるのが観光の原義だろうが、それは同時に、ミュージアムの最も原理的な構造に近いものだった。

ニュートラルで透明な試験管のようだった近代美術館の開館ラッシュ後に、現在、より身近な「地域に開かれたミュージアム像」が今日的要請によって求められるようになって、再びその「先祖帰り」を、ミュージアムそのものに問いかけるようになった逆説とも言える。だからまた、ミュージアムを観光資源にしたいという地方の即物的な要請に絡んで、美術館はその原理に、再びどういうかたちで向き合えるのか問われているのである。

次に「リテラシーを超えること」だが、「美術リテラシー＝美術に親しく交わってゆく方法」として従来から重視されてきたのは、極端に言うと「文字を読んで作家の経歴や作品が生み出された背景を理解すること」つまり「歴史のお勉強」が主だった。とりわけ、個人主義的自己主張を慎む傾向の強い文化をもつ日本人は、「自分なりに、自分の力で、身勝手、好き勝手に、美術を楽しんでゆく」ことが苦手だ。だから、美術史的お勉強をどうしても鎧《よろい》に纏《まと》いたい、と思ってしまう。

かつて僕が担当した優秀な卒業生が、論文で「盲目と美術」というユニークなテーマを取り上げたことがあった。彼はそこで、ある美術館で行われた「全盲の人に絵画を見せる」ワークショップを紹介していた(註5)。彫刻なら触れるからある程度想像できるが、いったい、全盲の人がどうやって絵画を見ることができるのか? 健常者と手をつないで歩き、その絵の前に立って、全盲の人がいろいろな質問をしながら健常者がそれに答えることで「見て」ゆくのだそうだ。「どんな絵?」「山の絵です」「どんな山?」「大きい富士山です」「色は?」「夕陽で赤い」「どういう風に赤いの?」。こういう対話がかなり永続的に続いてゆく。

ここで驚愕するのは、「見る」ことは、まず「見たい」という欲望に支えられているという、単純だが忘れられがちな事実である。また、リテラシー的に言うと、「山」「富士山」「赤い」といった情報は、彼ら(全盲の人たち)にとって何ら「見た」こと、「見る」ための手がかりにはならず、その向こうにある「どういう山か、どういう富士山か、どういう赤か」という、「その人でしか表現し得ない固有の形容詞」を、質問に答える側は徹底して求められるという事実であろう。

つまり、全盲の人たちが「見る」ためには、見える人間の「固有の詩」が必要なのである。「冬の二月の朝、寒くて吐く息が白い、身が切られるような空気が、漂っている絵。颯爽とした、ふつうの街にはない、清々しく厳しい空気感」。ここに、リテラシーの新しい問題が隠されていることは、おわかりのことと思う。情報を超えた固有の詩が、その人なりに生み出せるかどうか、それが、リテラシーの未来を支えているのである。

その点で、アメリカの美術館教育を考えることは有効だ。アメリカ的実利主義は、言わば「美術機能論」と言うべきものを、長い調査や研究の中で生み出してきた。それは、小学校のクラスで、決まった半数の児童を週末ミュージアムに連れていき、残りの半数を連れていかない、ということを一年間続け、その一年後の統計で、連れていった児童の方が他教科の成績が上がっているという結果が得られたことに基づくものである。

つまり、ミュージアムで「綺麗なもの」「変なもの」、時には「訳のわからないもの」に向き合って、話し合い、他人という自分とは生まれや育ち、感受性が全くちがう者の考えや感じ方を知ること、それは、他教科の勉学向上に「絶対に、役に立つ」という事実。まあ、当たり前と言えばこれほど当たり前のことはなくて、文部科学省的に言われる「人間力」そのものがコミュニケーション能力を基盤にするのであってみれば、そうやって、ミュージアムで作家という他者や同じ観客でもちがう他者に向き合って、話したり、感じたり、考えたりすることを習慣的に継続していれば、それは他の如何なる勉学よりもはるかに「人間力」の育成に役立つ。これが、アメリカ流「美術（館）機能論」である（註6）。

さらに、その根底にあるのは、「作品鑑賞」とは作者なる者がキャンバスに油絵を塗りつけた絵画の背後に隠した秘密の意図を読み取ることではなく、絵画という未知の物質と我々観客との間に起きる「事件、出来事」のことである、という極めて斬新なミュージアム思想なのである。

さあ、最後に、「触覚的体験」で締めくくろう。これは、よく知られているように、二〇世紀きっての文化史家、ユダヤ人にしてドイツ語で書いた、偉大なるヴァルター・ベンヤミン（一八九二―一九四〇）が指摘したことだ。後に、名著『複製技術時代の芸術作品』に収められることになった断片的論考の中に出てくるのだが、一九三三年頃、ナチスの台頭でベンヤミンがフランスに逃れた時期に書かれたものと推定されているようだ（註7）。

ここでベンヤミンは、当時新しいメディアとして登場しつつあった映画の体験を念頭において、これからの芸術の体験はもっと立体的で豊かなものになるはず、という彼独自の予想と期待を、「触覚的体験」の言葉に託した。

建築の内部空間を体験するのは、平面的な絵や写真ではなかなか難しいように、「その中に入り込み身体ごと包まれ、時間をかけてゆっくり巡り、立ち止まったり見る角度を変えたり、場合によっては、時間や日差しや天気、気候の変化の中で、じっくり体験するようなもの」であるはずだ。それをさらに暗喩として使って、ベンヤミンは、ミュージアム、美術館における芸術体験すらも新しいかたちの五感の体験へ変化する、と予言した。

しかし如何せん、その後の歴史をたどってみるに、彼の予言はそれから七〇年以上経っても実現してはいない。ここに、現代ミュージアムが直面する問題の契機がある、と感じるのは僕だけだろうか。

ヒントはカフェのメニューにあり

また、大分県立美術館の実例に、戻らせてもらおうと思う。

僕は、現在、新たなミュージアムのカフェのメニューを躍起になって考え、試行錯誤している最中である。それが、ミュゼオロジーとどういう関係が？

時に、僕は授業で学生に「この絵を見て、どういう料理を連想する？」と訊くことがある。それから、「セザンヌの、あの透明無比な画面を見て、夏のソーダ水を思い出せないなら、美大生失格だな」と冗談めいたことも言って煙に巻く。しかしこれは決して冗談ではなく、そういう別種の体験を掛け合わせ、複合させて楽しむ習慣習性が僕にはあって、これが案外に、新しいミュージアム・リテラシーを考えるきっかけになる、と感じているからなのである。

食材の宝庫、大分県では「味力も満載、大分」「関さば、関あじ」などと、大分の食材と料理の話を観光資源として宣伝しているが、僕が考えているのは、ただ豊かな食材と山海の自然の恵みいっぱい、大分を食べ尽くそうということだけではない。

僕は、かなり前から食の絵日記をつけているが、そのほとんどが、家で食べる女房の家庭料理についてだ。「何で、一日中台所に立っているの？」と子供たちが昔から訝しがるほど、彼女はよく頑張ってつくってくれるが、「食べたら一瞬。それでは何だか可哀想というか、勿体ないので」、いつの頃からか下手なスケッチと日記で残すようになったのである。

一方、僕は仕事の時でも原稿を書く時でも、家にいる時には、日がな一日、音楽、とくにクラシックと一般に言われている音楽で好きなのはロマン派のピアノ音楽だが、シューベルト、ショパン、シューマン、リストなどを聴いている。仕事が終わって晩飯の時には女房から献立をきいて、とりわけ注意深くかける曲を自分なりに選んで合わせ、料理の味だけではなく僕が選んだ音楽との調合が「今日はうまかった?」「おいしかった?」「まあまあか」などと他愛のない話に打ち興じている。

女房の得意技で僕の好物は鯖寿司だ。尾道のお袋伝来の、背身と腹身を斜めに削いで合わせて別々に小さく巻いて、二種の味を交互に楽しむ我が家独特のものだ。時にこれに鯵寿司が加わる更なる豪華版もある。これにはフランツ・リストの《巡礼の年　スイス》を聴く。むろん山国スイスには湖水の魚はいても鯖はいないけれど、晴朗で哀愁に満ちたいくぶんかは勇ましいリストのこの音楽が、酢の味とともに口に広がり噛みしめると喉の奥にグーッと深く入ってくる鯖の旨味にピッタリなのである。

「鯖寿司にリスト」というと変に聞こえるかも知れないが、実はミュージアムの楽しみ方の中には、そういう味覚と絡めて五感で絵や彫刻を味わう奥義、変則技のようなものもあるのをご存知だろうか? たとえば、日田の名匠宇治山哲平先生の作品は、いろいろな綺麗な色と単純ではあるが奥深い形が複雑に響き合う多声音楽＝ポリフォニーのようなものだ、と僕には感じられる。ポリフォニーというと、僕の家でいつも女房がつくってくれて家族皆が好物なのは、京都の洋食屋「グリル子宝」のつくり方に倣った「子宝風チャーハン」だ。牛と豚の細切れ肉を両方使うのが特徴だが、さらにコリコリした大分の椎茸（お店ではマッシュルームだが）をたっぷり入れて出る深い味がミソだ。僕は哲平先生の絵を見るたびに、我が家の「子宝風チャーハン」が食べたくなるし、絵の中にそういうポリフォニーの味覚も感じられるようになった。

人間存在の深みを求める髙山辰雄画伯（一九一二―二〇〇七）の作品には、さしずめ家の料理なら深海の味がする「鮪のグリルを挟んだサンドイッチ」だろう。日本文化の本質「水」を追求した福田平八郎画伯（一八九二―一九七四）の作品ならば、やはり大分特有の「しらすスパゲッティ」が合うのじゃあないだろうか。

新しいミュージアムのコンセプト「大分が世界に出会う、世界が大分に出会う」は、ミュージアムのカフェのメニューにもぜひ反映して欲しいと思って、僕はこういうことを考えている。たとえば、各地の美術館でロートレック展なんかがあると、特別メニューで「ロートレックの時代の食卓」というやつがよく出ている。そういうのもまあ一興だが、大分ではむしろ豊かな食材が、アートそのものやスペイン、イタリア、ギリシャ、トルコ、カリフォルニアなどの「南国的（?）料理法」と「グローバル・フージョン（国際混淆《こんこう》）」して、互いの新しい魅力を発見し合うように是非なって欲しいと願っている。

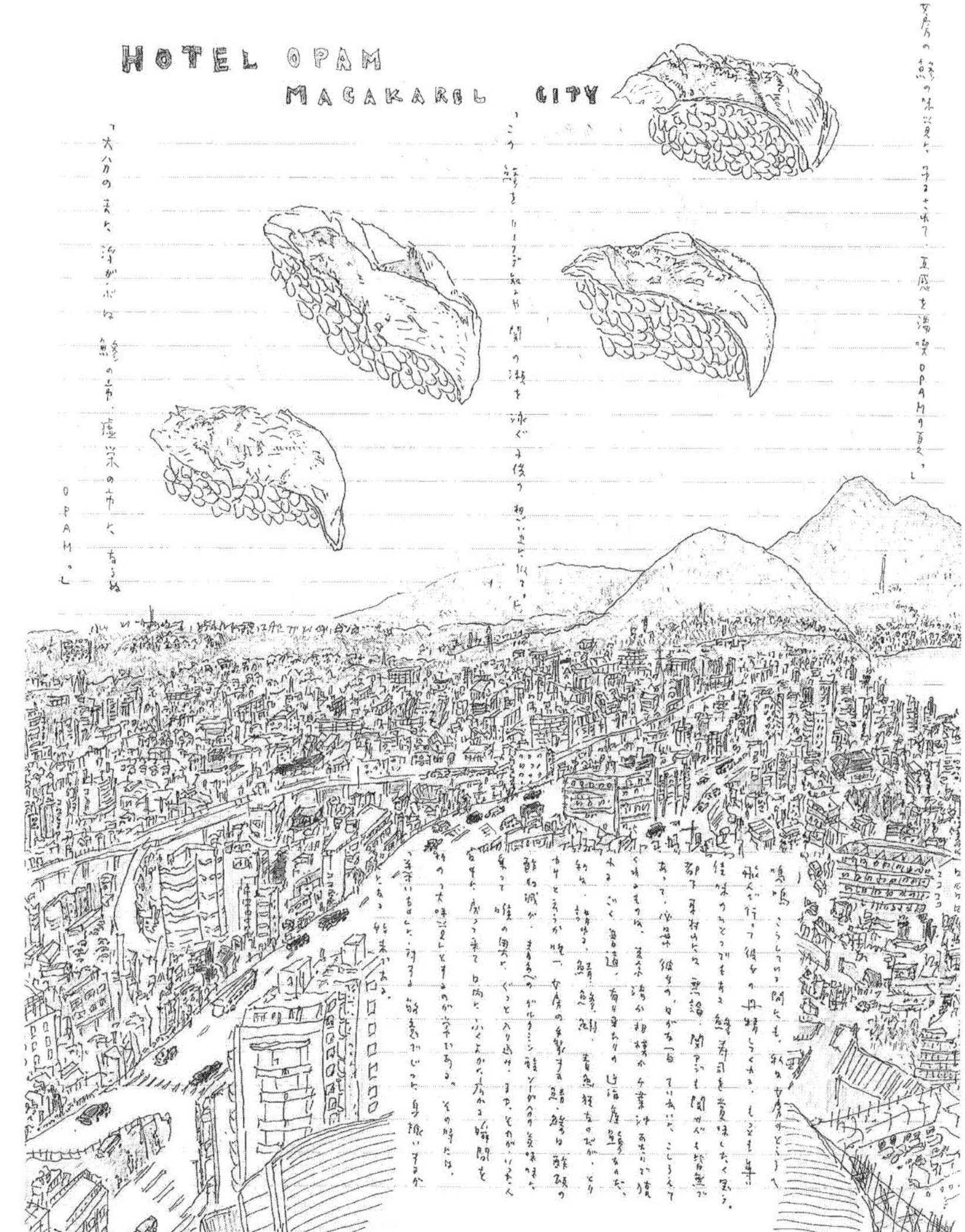

《空飛ぶ鰺寿司》 新見 隆「私のフィールド・ノート」より

誰もがアーティスト、すべてが創造

僕は実は、大分に新しい県立美術館ができたら、すべての大分県人がアーティストになると信じている。それは本当にそうなのである。絵筆をとったり、作品をつくったりすることは、むろん最高に素晴らしいことで無上の喜びであり、それで多くの見る人を心底幸せにする。だがミュージアムでは、「見る」人も作品を認め、評価し、受け入れることで「十分アーティスト」たり得るのだ。

皆がアーティストなのだというのが、二一世紀に向けてのミュゼオロジーの未来像である。僕は学生に「鑑賞」というのは実はない。すべてが「創造」なのであると徹底して教えている。プロやアマチュア、つくる人と受け取る人の垣根のあるなしでなく、それが混然一体となって、大きく途方もなく広がり、びっくりするほどの熱気と喜びになってこそ、真の新しい文化も芸術もこの地に育つ。そのことを真の芸術家は、体の底から知っている。開館の楽しみは、坂茂さんの爽快、勇壮な建築大空間を体いっぱい満喫してもらうこと。さらには今までにない「驚くべき規模、内容の」「大分が世界に出会う、世界が大分に出会う」「真に互いが発見され、高め、深め合う」類例のない展覧会を楽しんで、驚いてもらうことだ。

楽しみはそれにとどまらない。高い部分で一〇メートルある巨大アトリウムでは、《ユーラシアの庭》を二人のデザイナーに委嘱して計画してもらっている。二人とも世界のトップランナーの巨匠である。

一人はオランダを代表する中堅デザイナー、マルセル・ワンダース氏だ。縄編みのハンモックのような椅子を特殊技術で固めた《ノッテッド・チェア（Knotted Chair）》での衝撃的デビュー以来、ファンタジーにあふれる大胆なインテリアやＫＬＭ航空のカトラリー類、日本でもコーセーの化粧品「COSME DECORTE」などで大活躍中。二〇一四（平成二六）年には、アムステルダム市のステデリック美術館で若手では異例の大回顧展も行った。もう一人は、日本の現代テキスタイルを代表する須藤玲子さん。鉄サビ染めや銅線、輪ゴム、チョウの羽などを織り込んだ布、折り畳みバッグなどドラマティックで大胆な仕事で、毎日デザイン賞を受けた他、日本橋のマンダリンオリエンタル東京の内装布地などを手掛けた。ニューヨーク近代美術館でのグループ展でも大人気を博し、世界中で引っ張りだこの人だ。

この二人が、《ユーラシアの庭》で出会い、巨大なインスタレーション作品をそれぞれつくってくれていて、僕もプランを見ながら「これはすごいことになるぞ」とわくわくしている。ところで、なぜオランダと日本なのか？　一六〇〇（慶長五）年、遭難しかけたヤン・ヨー

大分県立美術館・アトリウム　美術館１階のアトリウムは、高さ10m の吹き抜け空間。オブジェの展示やイベントの開催のほか、移動式のミュージアムショップとカフェが設置されるなど、フレキシブルで多様な使い方が計画されている

ステンらリーフデ（オランダ語で「愛」だそうだ）号乗組員を大分・臼杵《うすき》の人々が救った、そのオランダ人と日本人の出会いを四〇〇余年ぶりに再演出しようという趣向である。

人も作品も、ただそれらがそこに「じっとある」だけでは輝かないし深まらない。すべては出会って、互いが見いだされ、掘り起こされ合ってなんぼというのが僕の信念である。新しいミュージアムの大小あらゆる局面に、この思想を徹底的に押し通すつもりである。

ミュージアムが目指す「精神的な価値」

僕がミュゼオロジーの講義で学生たちに繰り返し念押しするのは、「ミュージアムは楽しい場所、癒しの場所、くつろぎの場所であるし、もっともっとそうなるべきだ。だけれど、単なるテーマ・パーク、ましてやショッピングセンターでは絶対にない」ということだ。これは大分の新しいミュージアムも全く同じで、僕は、そこが単に人が集って、気楽に交流し合い、にぎわいがあって、くつろぎがあるだけでよいとは、絶対に思ってはいない。

やはりミュージアムの最終目的は見えないもの、「精神的な価値」の創造である。ミュージアムとは、美しいものや驚きを与えてくれるもの、さまざまな「訳のわからないもの」に出会って（他者も自分もすべての人生が、皆謎に包まれた訳のわからないものだから）それを「面白い」と思えるようになる「人間革命の場」であり、そのように間口が広く奥も深い「人生体験の道場」なのである。

一人一人が自分なりのやり方で「不思議で面白い、今まで見たことのないもの」を見て、触れ、それによってクリエイティブに開かれ、「自分の中のアート」を探し出して、開拓し合う「美的体験」こそが、ミュージアムのすべてである。そのためには、たとえ名画、名品が並んでいても、それを見ることだけが最終目標ではなく、美に触れ、心打たれ、その果てにある「いかに美的に生きるのか」という深い問い掛けに動かされ、新しい、面白い人間として生まれ変わることがミュージアムの醍醐味なのだ。だから大分県立美術館の最終目標は、大分県人が日本一面白い県民に生まれ変わること、それが一〇〇年の計なのである。

ここで、新しいミュージアムのオープンに向けて招聘したアーティスト、登り竜のごとき、八面六臂の活躍を見せるミヤケマイさんを紹介したい。彼女には、巨大アトリウムの西壁面で、大分にちなんだユニークな作品制作を委嘱した。彼女は若手だが、一言で言うと、日本文化の伝統的な美意識を現代のグローバルな感覚で形象化している最先鋭だ。と言うと昨今の現代美術の一群の作家たち「ネオ・ジャパネスク」の仲間うちに思われそうだが、実はそういう連中とも一線を画して孤軍奮闘を続けている。オーストラリアで育って英語も流ちょうな国際人だが、日本古来の茶や古美術に子供のころから触れていて造詣も深い。年中行事、節句の室礼《しつらい》など、ユーラシアの伝統をうまく取り入れながら、現代の若者感覚で縦横にもじって、軸物仕立てにした作品などで評価を集めた。ジュエリーや酒、着物など企業とのコラボレーションもすこぶる多い。何と「三山桂依」の名で小説も書いている。

今回、西壁を見上げるかたちで「世界各地の鳩時計」をアートにするという。「なぜ、鳩時計？」と僕は問うた。彼女にとって鳩時計とは、それぞれの家庭の食堂ダイニングによくあるもので、一家だんらん、世界恒久平和の願いの象徴だからということだ。僕はそれをミュージアムの壁にもち込もうという大胆なプランに「さすがミヤケさん、いいね」とうなずいた。そこには「日本一面白い県民になる」大分県人のための鳩時計も登場する。

神話の再創造、万人のためのミュージアム

新しいミュージアムについて僕が主張したいのは、テーマである「出会いのミュージアム」「五感のミュージアム」の根幹にある思想は「神話の再創造」である、ということだ。これは、これからのミュージアムを考える上で、僕は「もっとも重要なこと」だと思っているし、それはミュージアムに限らず文化施設、いやもっと広く言うと「地域起こし」を狙う芸術祭やアート・イヴェント的なものすべてに言い得る、「必要不可欠」なものだ。

簡単に言うと、海外でもどこでも、どこそこで活躍している、有名作家をただ連れてきただけでは、そ

してその作家が、「自分のトレードマーク的」なものを地域のどこかにポンと設置しただけでは何ら意味なく駄目なのだ、ということだ。

たとえば、僕が館長になる前に多く耳にした地元の声に、金沢21世紀美術館や青森県立美術館、それから瀬戸内芸術祭のような地方での成功例を挙げて、ああいうミュージアムやイヴェントが大分にも欲しいという意見があった。むろん僕は「どっかの真似なら止めた方がよいですよ、唯一無二のものを大分につくろうという気がないのなら、美術館など予算と労力の無駄」とそれらの声には答えたし、内心「そんなに、そのミュージアムやイヴェントがすごいと、あなたは本当に思ったの？」と聞きたいというのが本音だった。

金沢の美術館ができる前、ロンドンの空港で旧知の設計者妹島《せじま》和代さんに会った時に、金沢のデザインをしているんだという話の後に彼女が言ったのは、「普通は、街の中に美術館をつくるでしょ？　でもね、今度は私、美術館の中に街を入れてみようと思うの」ということだった。僕は、その時、直感として「これは、いける」と確信した。ただ、彼女の意図や、さまざまな手法で住民をひきつけ自分のミュージアムだと感じさせる運営方法のいくつかは評価するものの、肝心の中身、美術の仕事は、正直僕は感心しなかった。最近いっていないし、新しいもので見ていないものもあるが、それは、多くの部分の瀬戸内芸術祭についても同断である。

世界でトップクラスの、もっとも活躍しているアーティストを呼んできて、そこに合わせて作品をつくってもらって何が悪い、素晴らしいことじゃないか、と人は思うだろう。それも、一理あるし、否定はしない。ただ、その土地の歴史と、地霊（ラテン語由来の建築用語で「ゲニウス・ロキ」と言うらしい）と何らの交流・交感のないものを、ただポンともってきて、それで現代アート作品として本当に成立するんだろうかなあ、と僕は首を傾げる。まあ、素晴らしいものはどこに置いたって素晴らしいということも一方ではあるので、ケース・バイ・ケースである。多少の例外はむしろあってもよいのだが、ミュージアムや、とりわけ「土地の名を冠した」ミュージアムや芸術祭では、その中心にはやはり「土地の文化や伝統を、どう現代に再解釈して、ヴィジュアル化し得るのか」というアーティストの見せ所、醍醐味が縦横にあるべきじゃないのだろうか？

しかも、現代アートにおいて、その場やスペースを与えて、現存するアーティストにその場に合わせて作品をつくってもらい半永久的に設置するという、言わば現代アートの「新しい購入＝依嘱制作」システムを開発したのは、ニューヨークのＤＩＡファウンデーションの名物キュレーター、リン・クックさんであり、そう考えると「また、日本は物真似か」と嘆息せざるを得ない。

だから僕は、新しいミュージアムでは「神話の再創造」を、全体を統《す》べる思想の根幹に置いている。神話とは、文化や歴史のことで、作家やデザイナーが、それと深くかかわること、その地霊から影響を受けた、あるいはその影響を引き出す作品を、現代形で住民、観客に提案しないと意味がない。しかもそこには、住民参加型の仕組みがなければならないのは言うまでもない。

先に紹介したマルセル・ワンダース対須藤玲子による《ユーラシアの庭》や、ミヤケマイによる《セカイハトドケイ》の制作は、「神話の再創造」へ向けての第一歩なのである。さらには、将来的に「三浦梅園大分世界美術館」という、内外のトップアーティストを招いた現代アートの祭典を構想している。三浦梅園（一七二三―一七八九）という、大分が生んだ世界的思想家について、アーティストと住民、学生が語り合い、勉強し合い、討議し合いながら、アーティストはそれぞれの地霊やランドスケープ（景観、自然）、さらには人間たちをのみ込み、入れ込んで自分の作品を生んでいく「神話再創造型」のプロジェクトである。

オープン展の、世界のモダン名画二〇〇選は、「大分（そのものが）＝世界美術館（世界と結び合う、グローバル・ミュージアムなのだ）」という意味合いを込めてある。スペインからキリスト教文化をもたらしたザビエルの魂が、国立ソフィア王妃芸術センターからダリとミロを招来してくれるのである。

大分県立美術館開館にむけて発行された『OPAMコミュニケーションペーパー00』（表紙）2014年
企画、編集、デザインを担当したCDL平野敬子×工藤青石（コミュニケーションデザイン研究所）は、OPAMのネーミング、シンボルマーク、ロゴタイプのデザインから、館のサイン計画、ビジュアルイメージ開発、Webサイトまでコミュニケーションデザイン全般を手がけている

リーフデ号の乗組員英国人ウィリアム・アダムスが、テート・ギャラリーから至宝ターナーをもって再び大分へやってくる。ヤン・ヨーステンが、デン・ハーグ市立美術館から二〇世紀抽象の王者モンドリアンをもたらす。そして、それらモダンの王者たちを、大分の誇るモダン作家、田能村竹田、福田平八郎、高山辰雄、宇治山哲平などが迎え撃つのである。それが「大分（そのものが）＝世界美術館」の意味であり、このミュージアムがオープンしたら大分は日本一、世界一の芸術県として甦る、それでなくて何のための県立美術館なのか、と僕には思えるのである。

五感と体験を求めて

「五感のミュージアム」とは、何か？

ミュージアムの歴史をたどっていけばわかるように、日本には、「似たようなもの」を探せば、倉庫の元祖だった正倉院以来いろいろなものはあるが、実はヨーロッパ起源である美術館に「ぴったり同じ」というものはない。日本の美術も、すごく極端に言うと、ギャラリーやミュージアム（という、ギリシャの神殿起源の場の延長というか、展開形の）での「純粋観賞用」の芸術はなくて、生活や日常の中で「使ってなんぼ」の家や建築の付属物か工芸、つまり生活芸術が長く本流だった。そんな中で、僕がミュゼオロジーの講義で、「世界に冠たる芸術家」として紹介し、ミュゼオロジスト（美術館構想家）としても偉大であった人物として話すのは、日本のルネサンス人、侘び茶の大成者、千利休（一五二二―一五九一）である（註8）。

僕は抹茶（薄茶）をこよなく愛するが、茶の作法を習うつもりはない。自動車の運転はじめ、楽器の演奏など「ルールを守らないとできないこと」を、生涯やるつもりは微塵もないのだ。作法もへったくれもなく、家で女房が入れてくれるのを寝っ転がって毎日飲んでいる。飲料としての味が好きなのである。だがやはり、あまり甘いものが好きではないのだが、お茶に合う茶菓子や器など、そういったものは気になるところである。茶碗こそつくらないが、自分で下手くそで無手勝流ながら焼き物もガラスもやって楽しんでいる。食べること、飲むことの楽しみの延長に陶芸もガラスもあって、と言うと魯山人のようだが、それはやはり、ちょっと格好つけ過ぎかも知れない。

話しが逸れるが、我が家は母親が職人の家系で、洋裁で僕を育ててくれた。手を動かして、身体を動かして生きてきたこの家系に誇りをもっている。子供の頃から絵を描くこと、大工さんたちに交じってさまざま何かをいじりこしらえることが大好きだったばかりか、生涯終世、そういう習慣とともにある人間である。

僕は大学でフランス文学を学んだが、ゼミの先生はフランス象徴詩の専門家で、一九世紀象徴派の先駆シャルル・ボードレールの言葉「コレスポンダンス」を、口癖のように言葉に出された。そして、「これを日本語で、万物照応、と訳しますね」と呟かれた。僕は、一九世紀という、現代の私どもの都市を中心

大分県立美術館・天庭　竹工芸をモチーフとした木組みの天井は、緩やかにうねるような美しい曲線を描く。床材は、大分県産の「日田石」。ガラスで仕切られたエリアは、天井の楕円形開口部（黒く見えている部分）で外と直接つながる屋外展示スペース。ここに３人の工芸作家によるインスタレーションが設置される

とした大量生産消費社会のルーツをつくった市民社会がはじまって、既にして人間というか先鋭な芸術家たちは、肉体や身体の実感が自然や宇宙の呼吸から離れていきつつあるのを痛感していたことに心を打たれた。その歯止め、警鐘を、この偉大なる近代詩人も吐露していたのである。

絵を描きながら、音楽を聴くこと。詩や短歌をつくりながら、それに絵を添えること。食べたものを、絵に描くこと。そして、よい絵を見たり、よい音楽を聴いた後に、うまい料理と酒を口にして、その相乗効果を楽しむこと。絵や音楽との、料理の「食べ合わせ」を試みること。絵や音楽を、食べ物に喩えること。絵や音楽を、俳句や短歌で自分の身体に

取り込むこと。

あらゆる人もやるだろう、あるいはやらないだろう、さまざまな「五感の交錯」＝「合わせ技」を、人生最大の目的として僕は暮らしてきた。南画文人画家の放浪や旅、作品もそういうことだろうし、それが究極的にわかるのが、たぶん、利休が考えた世界に類例のない芸術形式の創造であった「侘び茶」なんだろうと想像する。その「五感の交錯」＝「合わせ技」が、二一世紀ではいったいどういう形式をとり得るのか、生み出せるのか、その問題に究極的には興味がある。長くシュルレアリズムの作家たちがこだわったコラージュ（既存の紙や立体を、貼ったりくっつけたりする）の作品をつくってきたのも、そういう欲求に由来する。そして、その突出した典型が「ミュージアム」であることは言を俟《ま》たない。

新しいミュージアムでは、三階の空に抜ける空間を、「天庭《あまにわ》」と呼んで、工芸的素材を駆使して吃驚するような彫刻、立体をものする現代工芸の三人の作家、徳丸鏡子さん、礒崎《いそざき》真理子さん（二〇一三年秋に急逝）、高橋禎彦《よしひこ》さんに、コラボレーションでのインスタレーションをお願いした。この三人は素晴らしい現代の名匠であるばかりか、彼らの作品はいささかも静的、スタティックではなく、あたかも生きている命そのもののように、動き、蠢き、ささやきながら、「生命のダンス」を踊るのである。

僕はこの空間を、この三人の「出会い」だけではなく、坂さんの森のようなユニークな建築空間との多重な「出会い」、そして、この空間で開催する予定の詩の朗読会や小コンサート、ダンスの会などを通しての「出会い」、それら多くの「出会い」が生まれる、大きなかたちの「五感の交錯する場」にしようと目論んでいる。

註

1 「サイト・スペシフィック」という言葉を考える時、ミュゼオロジーを学んでいる我々としては、一九六〇年代からの、「脱ミュージアム＝脱ＭｏＭＡ的ホワイト・キューヴ」の問題を、まず考えなければならないだろう。当時の現代美術が「もう、箱の中に閉じ込められるのは嫌だ」ということで、イギリス系のランド・アート（リチャード・ロングのように、山野を歩き回って、自然へアプローチしたその行為じたいをアートにした）や、アメリカ系のアース・ワーク（ワルター・デ・マリアのように、砂漠に鉄柱を立てて、そこに落ちてくる雷じたい＝自然現象と周りの環境じたいをアートにした）のかたちで、展開し、それが「アートの持っている古代的性質＝ラスコー、アルタミラの洞窟や、ギリシャ神殿や、キリスト教の教会などの、不動産に付帯した、動かせない、場に固有のものだった＝に、里帰りしたのだ」ということを、思い出せばいいかも知れない。また、以上のこの論旨は、村田真「「脱美術館」化するアートプロジェクト」から、学んで借りたものだ。（『社会とアートのえんむすび 1996–2000 つなぎ手たちの実践』（トランスアート、二〇〇一年）

2 国立国際美術館の『月報』（一〇一号、二〇〇〇年）に寄稿した「世紀末美術館考」と内容的に重なる部分がある。

3 この二つの美術館の事例をひきつつ、〝これからの美術館は、「環境」と「生活」に開かれる〟という予測を書いたのは、朝日新聞の記者、大西若人さんだった。僕の論旨も、それを受けたものだ。

4 二〇〇五年に四国新聞に書いた「香川のアート立国――香川県立東山魁夷美術館のオープン」に重なる部分

がある。

5　武蔵野美術大学芸術文化学科で僕のゼミ生だった、戸澤潤一君の卒業論文「全盲と美術をめぐって――全盲者のための美術教科書」（二〇〇五年度の、優秀賞を受賞）から、学んで借りたもの。

6　本書第5章の註7に、同じ。

7　ベンヤミンの「触覚論」を学んだのは、僕らの世代は、佐々木基一訳『ヴァルター・ベンヤミン著作集2 複製技術時代の芸術』（晶文社、一九七〇年）だったわけだが、後に多木浩二さんが詳細な解説をつけた『ベンヤミン「複製技術時代の芸術作品」精読』（岩波現代文庫、二〇〇〇年）が出て、瞠目したものだ。論旨もむろん、そこから学んで借りている。

8　浅学な僕は、利休のことなど、理解しているとは、露ほども思っていない。けれど、偉大なる企業文化人だった堤清二さんに薫陶を受けたセゾン美術館の学芸員時代、僕には夢の展覧会があって、それは「利休、デュシャン、ウィトゲンシュタイン」というものだった。

何のことはない、「主体は世界の属さない、その限界である」（訳は、大修館書店版全集の大森壮蔵先生訳『6青色本・茶色本』一九七一年、からか、愛読しておもしろかった永井均『ウィトゲンシュタイン入門』ちくま新書、一九九五年、からの記憶だろう）で有名なルードヴィッヒ・ウィトゲンシュタインは、理解してもいないその言葉によって僕をひきつけて止まない哲人だが、そのお姉さん（クリムトが肖像を描いている上流婦人だが）のために、ウィーンに不思議なモダン住宅を設計しているし、二〇世紀芸術の「ブラック・ボックス」マルセル・デュシャンも、そして利休も、「お部屋」をつくっている、という事実で、三つの部屋を並べる、というのが、僕の動物的勘的コンセプトである。これを詳しく書けば、この教科書のまた一章になりそうなので、このくらいにしておく。

僕が利休研究者でもっとも畏敬しているのが、中世芸能史の泰斗、熊倉功夫先生である。僕の利休観は、すべて、先生が監修しお書きになった、『名宝日本の美術第16巻　利休・織部・遠州』（小学館、一九八三年）から、学んで借りたものだ。

二〇一四年に亡くなった赤瀬川原平さんの『千利休——無言の前衛』（岩波新書、一九九〇年）には、心底感心して、大きな影響を受けた。僕はふだん漫画はほとんど読まないのだが、最近目にした清原なつのさんの『千利休』（本の雑誌社、二〇〇四年）は、吃驚した。たいへんよく調べてあり、独自でユニークだし、大いに勉強になった。それに何より、一つの作品として、アーティスティックな出来栄えで、感心した。

第7章　ミュージアム紹介

日本のミュージアム

金子伸二

近年の動向

ここでは日本に数あるミュージアムの中から特徴的な施設を取り上げて、それぞれの事例を通して具体的にミュージアムを理解してみよう。

まずは、近年の日本のミュージアムはどのような状況にあるのかを見ておきたい。第2章でも取り上げた文部科学省による「社会教育調査」（五五頁参照）の報告書によると、二〇一一（平成二三）年での日本のミュージアムの数は、総合博物館から水族館まですべての種類を含めると、「博物館」と「博物館類似施設」とを合わせて五七四七館にのぼっている。一九九九（平成一一）年の調査ではこの数は五一〇九館であったから、単純に見るとこの間に一割強も施設数が増えていることになる。この値を正確に解釈するには調査対象施設の設定の仕方や、廃館となった施設があることなども考慮に入れる必要があるが、一般に一九九〇年代に起きたバブル経済の崩壊以降文化施設の新設は減少したという印象がありながら、実際には、少なくともデータ上で見る限りでは、それなりに施設は増えていると言えるのである。

それではこの増加は何によるものなのか。施設の種類ごとの内訳を見ると、この期間において最も数を増やしたのが歴史博物館であり、博物館全体の増加分の五割強を歴史博物館が占めている。一九九三（平成五）年に「法隆寺地域の仏教建造物」と「姫路城」がユネスコの世界文化遺産に登録されたことを期に、日本では世界遺産ブームとも呼べるような現象が起き、地域の歴史的文化に対する関心は大きく高まった。各地の自治体は地元の歴史的文化を発信する拠点整備に力を入れ、国も観光立国の推進施策に沿って様々な支援事業を展開、またまちづくりや市民共働の装置としても地域の拠り所としての歴史博物館が整備されていったことが、こうした増加の背景にあるだろう。団塊世代の高い教養・レジャー志向や、「歴《れき》女《じょ》」に象徴される若者世代の歴史への関心も、こうした展開の後押しとなった。

歴史博物館の勢いには及ばないが、美術館（美術博物館）も博物館類似施設を含めると、一九九九年には九八七館であったものが二〇一一年には一〇八七館となり、数値の上では一〇〇施設の増加となっている。往々にして自治体の博物館整備は、まず総合博物館ないしは歴史博物館を先行して行い、それが整うと次に美術館の開設という順番で進むが、そうした流れが続いていると言えるだろう。近年の比較的規模の大きな開館事例としては、島根県立美術館（一九九九年）、岩手県立美術館（二〇〇一年）、奈良県立万葉文化館（二〇〇一年）、兵庫県立美術館（二〇〇二年）、岐阜県現代陶芸美術館（二〇〇二年）、新潟県立万代島美術館（二〇〇三年）、金沢21世紀美術館（二〇〇四年）、長崎県美術館（二〇〇五年）、青森県立美術館（二〇〇六年）などがあり、二〇一五年には大分県立美術館の開館が予定されている。また、一九七二（昭和四七）年の本土復帰を期に開館した沖縄県立博物館が二〇〇七（平成一九）年に博物館・美術館一体の施設である沖縄県立博物館・美術館として新たに誕生し、一九六七（昭和四二）年に開館した秋田県立美術館は二〇一三（平成二五）年に新館に生まれ変わった。

民間においても、ポーラ美術館（二〇〇二年）、森美術館（二〇〇三年）、三井記念美術館（二〇〇五年）、三菱一号館美術館（二〇一〇年）などの開館が続くとともに、以前からの歴史ある美術館の改修・新装が相次いだ。美術館そのものの役割や機能の変化に加え、一九九五（平成七）年の阪神・淡路大震災や二〇一一年の東日本大震災を受けて耐震対応の必要が一層高まったことも、こうした動きにつながっている。日本のミュージアムは、今、大きな変革期を迎えていると言えるだろう。

1　九州国立博物館

九州国立博物館は、東京、奈良、京都に次ぐ四番目の国立博物館として二〇〇五（平成一七）年に開館した。京都国立博物館の前身である帝国京都博物館が開館したのが一八九七（明治三〇）年のことであるから、ほぼ一〇〇年ぶりの新たな国立博物館の誕生であった。極めて稀な事態であるナショナルミュージアムの新設がどのように実現したのか、その経緯をたどってみよう。

既に明治の頃から九州に国立の博物館の開設を求める声は岡倉天心など複数の人物によって示されていたとされるが、具体的な活動がはじまったのは一九六八（昭和四三）年に、「国立九州博物館設置期成会」という官民連携の組織が発足してからのことである。それでも実際の開館に先立つこと約四〇年前のことであり、世代を超えた息の長い取り組みであったことがわかる。

とりわけ重要なのは、この構想が地元からの誘致要請に基づいているということであり、既存の三館が当時の宮内省の主導で設置されたのとは構想の成り立ちが違うことが見て取れる。また、設置期成会発足の時点で「九州」の名称を掲げていることも注目されるところだ。東京、奈良、京都がいずれも博物館の所在する都市名を用いているのに対して、複数の県から成る地方の呼称を冠しているのも、この館の特徴である。これも誘致活動が九州全体の動きとして展開されたことのあらわれにほかならない。

一般に博物館の開設構想は、用地を確保する段階に至って大きな障害にぶつかるものであるが、九州国立博物館の場合は、一九七一（昭和四六）年に太宰府天満宮が福岡県に博物館建設用地として境内地から一四万平方メートルの土地を寄付したことが大きな基盤となっている（現在の敷地面積は一六万平方メートル）。かつて外国使節や遣唐使などのための施設が置かれた太宰府という土地の特性は、後に明文化される館の理念の背景にもなっている。

一九八八（昭和六三）年には地元に「九州国立博物館誘致推進本部」が設置されるとともに、国会では

「九州国立博物館設置促進国会議員連盟」、福岡県議会では「九州国立博物館誘致対策調査特別委員会」がそれぞれ発足した。さらに一九九二（平成四）年には「九州国立博物館設置促進財団（現九州国立博物館振興財団）」が発足、設置に向けた募金活動が開始され、設置への動きは一気に加速したのである。

こうした動きに応えて、文化庁は一九九四（平成六）年に「新構想博物館の整備に関する調査研究委員会」を設置して検討を開始。一九九七（平成九）年に「九州国立博物館（仮称）基本構想」、翌年に「九州国立博物館（仮称）基本計画」がまとめられ、これに基づいて建設計画と展示計画が進められていった。このように国立の博物館でありながら、計画段階から国と地方自治体、民間中心の財団との連携体制によって進められたところも、この館の大きな特徴と言えるだろう。

九州国立博物館　開館年：2005（平成 17）年、所在地：福岡県太宰府市（写真提供：九州国立博物館）

菊竹清訓建築設計事務所と久米設計の共同で設計された館の建物は、長方形の蒲鉾《かまぼこ》型の形状で、延床面積が二万五〇〇〇平方メートル、屋根の最高点が三六メートルという巨大な建築物である。二三メートルの吹き抜けをもつエントランスホールのほか、通常の常設展示室にあたる文化交流展示室は天井高が七メートルと、さまざまな大きさ・形状の展示品や展示レイアウトに対応できるよう空間が設けられている。

この建物の建設にあたっても、国が建設する部分と「九州国立博物館設置促進財団」が建設して国へ寄贈する部分、さらに福岡県が建設する部分とで構成され、運営にあたっても、「国立文化財機構」と「福岡県立アジア文化交流センター」が連携・協力して行うという独特の方式をとっている。地元市民の組織である「九州国立博物館を愛する会」によるボランティア参加が積極的に行われている点も、開館当初からの特徴だ。二〇一三（平成二五）年度の年間事業費は、一二億九〇〇〇万円であった。

博物館の基本理念が「日本文化の形成をアジア史的観点から捉える」ことであるように、日本とアジア諸地域との文化交流の歴史に焦点をあてることで現在のアジア諸国との相互理解につなげていこう、ということが趣旨となっている。

文化交流展示室の諸室はテーマ別に展示が構成され、展示品も博物館所蔵のものに限らず、他の博物館や研究機関、九州をはじめとする各地の自治体や寺社等が所蔵する資料が組み合わされ、またこまめな陳列替も行われて構成されている。まだ開館して日が浅く、館の所蔵品が限られることもあるが、展示テーマを活かすとともに、展示そのものが交流活動の成果でもある。また、アジアの民族造形文化の研究者である金子量重《かずしげ》から寄贈されたコレクションを展示する記念室が設けられていることも、特徴である。

この他、九州大学大学院と共同での来館者の鑑賞行動分析や展示解説のための技術開発、ボランティアや市民と一体となったＩＰＭ（総合的有害生物管理）活動など、新たな試みにも積極的に取り組んでいる。

二〇一三年度の入館者数は、八九万人。開館した翌年、二〇〇六（平成一八）年度の一八七万人からは減少し、特別展の入場者に拠るところも大きくなっている。三輪嘉六館長の「市民と共生する博物館を目指す」という視点が今後どのように実を結んでいくのか注目される博物館だ。

参考文献

『九州国立博物館（仮称）基本計画』新構想博物館の整備に関する調査研究委員会、一九九八年
『海の道、アジアの路　KYUSHU NATIONAL MUSEUM 2014』九州国立博物館、二〇一四年
『九州における博物館関連産業の展開可能性調査 報告書』九州地域産業活性化センター、二〇〇七年
李重燁／金大雄／富松潔／赤司善彦「携帯型音声解説機器のコンテンツ設計のための基礎調査　九州国立博物館における音声解説コンテンツ設計のためのアンケート調査及び追跡・観察調査」『デザイン学研究』Vol.55, No.4、日本デザイン学会、二〇〇八年
「平成25年度事業報告書・財務諸表・決算報告書」国立文化財機構、二〇一四年
「平成26年度独立行政法人国立文化財機構に係る年度計画」国立文化財機構、二〇一四年

2　ＤＩＣ川村記念美術館

ＤＩＣ《ディーアイシー》川村記念美術館は、化学工業メーカーであるＤＩＣ株式会社（旧大日本インキ化学工業株式会社）が運営する企業美術館である。同社の創業者である川村喜十郎（一八八〇―一九五八）、第二代社長の川村勝巳（一九〇五―一九九九）、第三代社長の川村茂邦（一九二八―一九九九）の三代の間に会社が収集したコレクションを公開するために設立された。

初代の喜十郎は一九〇八（明治四一）年に印刷用インキの事業を起こし、戦前にはオフセット用インキの開発や有機顔料の自給生産で事業を拡大、戦後には合成樹脂から石油化学全般に事業を展開して、現在では印刷インキメーカーとしても世界首位に成長した。

コレクションは長谷川等伯の《烏鷺図屏風》（一六〇五年以降）など日本の近世美術のほか、レンブラントの《広つば帽を被った男》（一六三五年）やモネの《睡蓮》（一九〇七年）、ピカソの《肘掛椅子に座る女》（一九二七年）、シャガールの《赤い太陽》（一九四九年）など西洋近代絵画の名品を抱えている。

中でも美術館のコレクションを決定づけているのが、第三代の茂邦氏によって進められた現代アメリカ美術の収集であると言えるだろう。ジャクソン・ポロックの《緑、黒、黄褐色のコンポジション》（一九五一年）をはじめ、ジョゼフ・コーネルによる箱を用いた作品、フランク・ステラの幅六メートルを超える大型作品《ヒラクラⅢ》（一九六八年）など、質、量ともに極めて充実した内容を誇っている。

とりわけ、マーク・ロスコがニューヨークのシーグラム・ビルのレストラン壁画のために制作した連作《シーグラム壁画》のうち七点の作品が収蔵され、この作品のための展示室で常時公開されていることは、やはり九点を収蔵しているロンドンのテート・モダンと並ぶ存在として、この美術館を世界的に特別な場所にしているのだ。

一般に日本の実業家・財界人による西洋美術のコレクションは印象派などの具象絵画が主流であったのに対して、あえて現代の抽象絵画を積極的に収集した感性と判断には驚かされる。これらのコレクションが築かれる一方、一九七八（昭和五三）年に茂邦が社長となった会社は、一九七九（昭和五四）年にポリクローム社、一九八六（昭和六一）年にサンケミカルのグラフィックアーツ材料部門、一九八七（昭和六二）年にライヒホールド・ケミカルズと、アメリカの企業を次々に買収、茂邦は「ミスターM＆A」とも呼ばれたという。作品を買う行為も企業を買う行為と同様、会社としての事業であったとすれば、個人の虚栄や慰みではない、ある種の覚悟があったに違いない。その点を茂邦氏がどのように捉えていたのか想像するしかないが、現代におけるコレクション形成の一例としても極めて興味深い美術館であることは間違いない。

美術館は一九八八（昭和六三）年に開所したＤＩＣの総合研究所の、約三〇万平方メートルに及ぶ敷地の一画に建てられている。美術館の開館は一九九〇（平成二）年。研究所に対して地元から環境への影響に関する不安の声があり、それに応えるかたちで敷地内の環境整備と庭園・美術館の造営が行われたと

DIC 川村記念美術館　開館年：1990（平成 2）年、所在地：千葉県佐倉市

いう。現在も敷地内には自然林が多く残り、散策路として来館者に楽しまれている。また、庭園の一部にフラワーガーデンを造成したり、千葉県の機関との協働で生物多様性に関する展示を設置するなど、自然環境保全の観点からの美術館運営が行われている点も特徴的である。

こうした取り組みもあって、東京都心部から離れ、また最寄り駅からもバス利用が不可欠な立地にありながら、年間約一〇万人の来館者を迎えている。作品を鑑賞するだけでなく、レストランで食事を楽しみ、庭園を散策する、東京郊外の行楽スポットとしての美術館という位置づけが確立しているのである。二〇〇四（平成一六）年には館の運営に対して、企業メセナ協議会からメセナアワードの大賞が贈られた。

それまで「大日本インキ化学工業」という名称であった会社は、創業一〇〇周年にあたる二〇〇八

（平成二〇）年に「ＤＩＣ」と社名を変更した。美術館も二〇一一（平成二三）年、「川村記念美術館」から「ＤＩＣ川村記念美術館」に館名変更がなされた。美術館が会社の事業の一環であることがこれまで以上に明示されることになったが、これは会社のブランド力向上への寄与が美術館に期待されているということでもあるだろう。二〇一二（平成二四）年には、美術館の担当をそれまでの経営戦略部門から総務法務部門に移管する機構改革も行われた。館長も会社の役員が兼ねるかたちになっている。

二〇一三（平成二五）年一〇月、ＤＩＣは美術館が収蔵するバーネット・ニューマンの絵画《アンナの光》（一九六八年）を海外の企業に売却することを発表した。幅六メートルを超える画面はニューマンの作品の中でも最大のサイズであり、亡くなった母親の名に由来する記念的な作品である。美術館でも目玉の一つであり、二〇一〇（平成二二）年の開館二〇周年記念展はこの作品を中心としたニューマンの国内初個展として実施したほど、館にとって大きな意味をもつ作品であった。作品の譲渡により会社の当期純利益は六四億円の増加となり、財務体質の強化などに充てられるという。会社は美術館の運営方針に変更はないと発表しているが、企業美術館にとっては作品もまた会社の活用すべき資産にほかならないことを鮮明に伝える出来事と言えるだろう。

参考文献
仁部亨編『愚か者と呼べ　世界企業ＤＩＣを創った川村茂邦の生涯』総合法令出版、一九九九年
鷺谷克良「千葉の研究所：大日本インキ化学工業総合研究所」『CUC view & vision』No.17、千葉商科大学経済研究所、二〇〇四年
赤瀬川原平「色彩を化学する会社による美術館　明るく賑わうホリデーの場所」『ひととき』二〇〇九年一二月号、ウェッジ

3　富弘美術館

富弘《とみひろ》美術館は、詩画作家である星野富弘の作品を展示するために設立された美術館だ。館名からするとまるで個人美術館のようだが、実はこの美術館は群馬県みどり市が運営する市立美術館である。群馬県桐生市から栃木県日光市に至る国道一二二号に沿って建設され、「道の駅　富弘美術館」としての役割も兼ね備えている、ユニークな美術館である。

星野富弘のプロフィールについては、既に広く知られているところだろう。一九四六（昭和二一）年に群馬県勢多《せた》郡東《あずま》村（現みどり市）に生まれ、中学校の体育教師をしていたところが、一九七〇（昭和

四五）年にクラブ活動指導中の事故で頸髄《けいずい》を損傷し手足の自由を失ってしまう。入院中に口に筆をくわえて文や絵を書きはじめ、退院後も続けられた制作が、やがて展覧会や新聞・雑誌の連載、随筆の出版などで注目を集め、海外でも詩画展が開催されるなど、その作品は高い人気を集めている。

一九八八（昭和六三）年から翌年にかけて当時の竹下登政権の下で行われた「ふるさと創生事業」により、各市区町村に一億円が交付された。東村ではこれを用いて村内の老人福祉施設を改修し、一九九一（平成三）年に村の出身である星野の作品を展示する「東村立富弘美術館」を開設したのである。星野の詩画展が全国で開催され評価が高まっていた時期でもあり、開館後は年に約四〇万人が訪れる人気となった。当時の人口がわずか三〇〇〇人の小さな村にとって、館の誕生は大事件とも言えるものであっただろう。

しかし、もともと専用施設ではないところへ大勢の来館もあって、展示環境の悪化や水彩画を中心とする展示物への影響が懸念される事態となった。来村者は増えても、ほとんどが美術館に立ち寄るだけであったことも課題であった。こうしたことから、村では新美術館への検討に取り掛かった。一九九九（平成一一）年には「東村立富弘美術館将来計画策定委員会」が、翌年には「東村立富弘美術館建設検討委員会」が発足している。

新たな美術館建築の設計者は国際設計競技で決められることになったが、注目されるのは、計画の初期からプロセスの公開と住民参加が重視された点だ。たとえば、まだ設計者も、さらには競技の要項も決まっていない二〇〇〇（平成一二）年の時点で、群馬大学との協働によって子供たちを対象にした新しい美術館や今後の村づくりを考えるワークショップがスタートしているのである。この活動は、新しい美術館が開館を迎える二〇〇五（平成一七）年まで回を重ねて続けられた。

他方、早稲田大学理工学部教授（当時）中川武の研究室によって、美術館の建設に連動した村づくりの方法に関する研究も進められた。新美術館の完成が村に大きな影響をもたらすであろうことを考慮し、村の歴史や産業、生活や文化といった地域資源をあらためて把握することで、村全体を美術館にするエコミュージアムの構想につなげていこうという取り組みであった。

驚くべきことに、この小さな村の美術館のコンペに、世界五四か国から一二一一件もの応募があったという。また、設計競技がはじまってからも、応募作品の公開展示や競技に関する住民の意見交換会が設けられ、第一次・第二次の審査も公開され、さらには施工者の選定審査も公開されるなど、徹底したものであった。

審査の結果、「同時存在する多様性」をコンセプトにしたヨコミゾマコトの案が選定された。施工者の選定でも、入札額が最も高かった事業者が選ばれ「金額より技術を選んだ」と話題になった。工事がはじまってからも、美術館建設に関心をもつ者が自由に参加できる話し合いの場が定期的にもたれ、設計者や施工者からの説明や、現場見学も実施されたという。住民がまるで我が家を建てるかのように関わる中で誕生した新美術館は、二〇〇六（平成一八）年の日本建築学会・学会賞を受賞する。

村づくりのワークショップからは、星野が車椅子で散歩したコースであり著書のタイトルにもなっている「鈴の鳴る道」を、来訪者にも実際に散策できるように整備し、また散策者をサポートする仕組みを整

富弘美術館　開館年：1991（平成3）年、所在地：群馬県みどり市

えようという取り組みが生まれた。現在ではサポーターとともに、この道を皆で歩くイベントが実施されている。

美術館の入館者数は二〇一一（平成二三）年度で約一三万人と、ピーク時に比べて大きく低下している。特にこの年は、東京電力福島第一原発事故の影響による風評被害が大きく作用した。近年はとりわけ、個人客の減少が顕著であるという。純然たる文化施設であれば来館者数など二次的な問題と言い張れなくもないが、この美術館は市の産業観光部観光課が所管する観光施設であり、市では年間約三億円の予算を美術館事業に充てている。旧館の頃から、リピーターの多いことがこの美術館の特徴であったという。いつでも変わらずにあることが館の魅力である一方、また訪れたいと思わ

せる奥深さも併せもつ、そうした取り組みが今後はさらに求められてくるのだろう

参考文献

東村・富弘美術館建設検討委員会編『富弘美術館コンセプト&ガイド　発想の展開』鹿島出版会、二〇〇五年

中川武ほか「群馬県勢多郡東村における新富弘美術館の建設と連動した村づくりに関する研究　その1、2」『二〇〇四年度大会（北海道）学術講演梗概集　E-2、建築計画Ⅱ、住居・住宅地、農村計画、教育』日本建築学会、二〇〇四年

中川武ほか「群馬県勢多郡東村における新富弘美術館の建設と連動した村づくりに関する研究　その3、4、5」『二〇〇五年度大会（近畿）学術講演梗概集　E-2、建築計画Ⅱ、住居・住宅地、農村計画、教育』日本建築学会、二〇〇五年

田中麻里「公共建築の建設プロセスを地域学習の機会と捉えた実践活動　富弘美術館を事例として」『群馬大学教育実践研究』第二七号、二〇一〇年

「鹿島紀行　第一四回　富弘美術館～草木湖畔に新しい影写して／ここは『心で感じる美術館』～」『KAJIMA ダイジェスト』二〇〇五年二月号、鹿島建設

「二〇〇六年日本建築学会賞　学会賞（作品）　富弘美術館」『建築雑誌』Vol.121, No.1550、二〇〇六年八月号、日本建築学会

『みどり市観光振興計画』みどり市、二〇一三年
『みどり市 議会だより』No.32、みどり市議会、二〇一四年

4　十和田市現代美術館

十和田市現代美術館の最も大きな特徴は、美術館が単独の施設としてではなく、都市の中心市街地活性化事業の一部として位置づけられている点にある。もちろん、都市再開発事業の中で文化施設の設置が構想される際には、周辺街区との関係が考慮されるものだが、この美術館の場合には都市経営的な観点がより顕著にあらわれていることが興味深い。金沢21世紀美術館の人気ぶりなどを受けて、都市の魅力をアピールするシティセールスのツールとして美術館やアートイベントを活用しようという気運が高まっているが、十和田市現代美術館もそうした性格を色濃く備えた施設と言えるだろう。

この美術館が誕生したそもそもの発端は、意外なところにある。二〇〇一（平成一三）年から、国は中央省庁の再編統合を進めた。その結果として、それぞれの中央省庁が地方にもっている出先の機関も統廃合が進み、十和田市の中心市街地では閉鎖される事務所が相次ぐことになった。また、二〇〇三（平成一五）年には国の地方合同庁舎が完成、市内に分散していた事務所が集約化されることにより、市の顔で

十和田市現代美術館　開館年：2008（平成 20）年、所在地：青森県十和田市

ある官庁街通りに多くの空き地が生ずることが見込まれていた。官庁街通りは全長約一・一キロメートル、総幅員約三六メートルの広い範囲であり、かつて陸軍の軍馬補充部が置かれ「駒街道」とも呼ばれて市民に親しまれてきた。このまま放置すると景観の悪化や都心部の空洞化が進むことは確実であることから、市では空き地を利用して、官庁街通りに魅力的な景観をつくる検討に取り掛かったのである。

検討は二〇〇一年度に市の企画調整課ではじまり、ナンジョウ・アンド・アソシエイツ（N&A）社による調査などを経て、二〇〇三年度にまとめられたのが「野外芸術文化ゾーン整備事業構想案」である。以降、この「野外芸術文化ゾーン（Arts Towada）」が事業の看板として掲げられ、「官庁街通り全体を一つの美術館に見立てた整備」が計画されていく。

二〇〇四（平成一六）年度にまとめられた基本計画を見ても、この構想の特徴がうかがえる。計画を構成する三つの要素のうち最初に位置するのが対象敷地や施設にアート作品を設置する事業であり、後に現代美術館となる施設（当時は「アートセンター」と仮称）はその次に置かれ、三番目に「街中《まちなか》展覧会」としてのアートイベント事業が配置されている。ここでは美術館は、ゾーン形成のための一つのエレメントなのである。計画では、アートセンターの機能は作品展示スペースとギャラリースペース、市民活動サポートスペースなどが主で、所蔵作品の保存や研究を基盤にした美術館とは異なることが明快である。さらにイベントの展開は、官庁街通りの東側に広がる商店街や、市街地の外へ広がるかたちで構想された。

こうした前提のもとアートセンターの設計者がプロポーザル形式で選定され、先に妹島《せじま》和世とともに金沢21世紀美術館を設計した西沢立衛《りゅうえ》に決定した。西沢の設計の特徴は、個々の展示室を独立した「アートの家」として敷地内に分散的に配置し、展示室どうしをガラスの廊下でつないでいくという独創的なものであった。これによって屋外に作品を展示するスペースやイベントのためのスペースが確保され、また展示室もガラスの開口をもつことで、官庁街通りの景観と混じり合う開放的な空間が現出した。展示室の中の作品がガラス面を通してそのまま街角の点景にもなっている。この建築は、新たな都市空間の魅力を創出したとして、二〇一一（平成二三）年の日本建築学会・作品選奨を受賞する。

常設展示室や館の敷地内に置かれた国内外二一人のアーティストによる二一の作品は、野外芸術文化ゾーンの整備に合わせて制作された恒久展示作品であり、作品と展示空間とが一体となることで、他のどこにもない、ここだけで得られる鑑賞体験を創出している。

アートセンターの仮称から、市民の投票をもとに名称が決定した十和田市現代美術館は、二〇〇八（平成二〇）年四月に開館した。同時に、十和田市現代美術館条例と同施行規則が制定され、館運営に関する詳細が定められた。市の担当部署は、観光商工部観光推進課である。館の運営は、当初は市の直営であったが、二〇一二（平成二四）年から指定管理者制度が導入され、第一期は計画段階から関わっていたN＆A社とビル管理会社によるグループが選定され、運営にあたってきた。開館初年度の有料入館者数は常設展と企画展を合わせて約一一万人、翌年度は約一三万人、東日本大震災の影響で一時は大きく減少したものの、その後は回復の傾向を示している。地元企業とのコラボレーションなども進み、美術館と地域とのつながりは徐々に深まっていることがうかがえる。市では現代美術館経費として年間九四〇〇万円を支出しているが（二〇一二年度決算）、国の電源立地地域対策交付金事業なども活用しながら維持運営が行われてきた。

来館者アンケートによれば、来館者のうち市内在住者は七％にとどまるが、県外からの来館者が五六％を占めており、広域集客型の美術館として機能していることは明らかである。一方、条例では設置の目的を、芸術文化の市民への紹介や、市民の芸術文化活動への支援を第一に掲げている。限られた資源の中で来訪者と市民両方の満足度をいかにして高めていくか、今後も、その動向が注目される美術館だ。

参考文献

『十和田市「野外芸術文化ゾーン」基本計画／概要版』十和田市、二〇〇五年

「特集　野外芸術文化ゾーンについて」『広報とわだ』号外、二〇〇六年六月一日、十和田市
「二〇一一年日本建築学会作品選奨　十和田市現代美術館」『建築雑誌』Vol.126, No.1621、二〇一一年八月号、日本建築学会
「Arts Towada 十和田市現代美術館プレスリリース」vol.1、十和田市、二〇一二年
藤浩志「十和田現代美術館を核とした十和田市の環境芸術に関する一連の取り組み」『環境芸術』Vol.12、環境芸術学会、二〇一三年
「十和田市現代美術館指定管理者募集について」十和田市、二〇一四年

5　東京大学総合研究博物館

東京大学総合研究博物館は、東京大学の組織の中で「全学センター」と呼ばれる、共同での教育研究や全学的業務を行う施設の中の一つである。博物館の目的は、学術標本の調査・収集・整理保存・展示公開や、学術標本の有効利用と展示公開に関する調査とその成果普及に置かれている。一九六六（昭和四一）年に発足した「東京大学総合研究資料館」を前身とし、改組を経て一九九六（平成八）年に「東京大学総合研究博物館」として再発足した。この博物館の特徴は、東京大学の学内共同研究教育施設である点で、

博物館には教授や准教授の教員が所属し、研究部は専任教員と特任教員、資料部は各学部・研究科の教員から構成されている。専任教員は協力講座担当として大学院教育にも関わっている。資料館の時代には自然科学や医学、考古、人類学などに関する資料部門が中心であったが、後に資料の活用や自然史・文化史の研究を行う研究部が設置され、博物館への土台がつくられた。博物館には管理運営を審議する運営委員会が置かれ、運営委員会は博物館所属教員の任命を議決する教授会として位置づけられている。

総合研究博物館が発足した背景には、当時の文部省（現文部科学省）において、大学博物館の将来的な在り方に関する検討が進められたことがある。学術審議会の学術情報資料分科会に設けられた学術資料部会では、研究活動に伴って産出される学術標本が十分な活用をされないままに置かれている現状や、特定分野の標本でも発達著しい分析・解析法によって他分野の研究・教育に活用される可能性が高まりつつあること、欧米の大学では大学博物館が「社会に開かれた大学」の窓口の役割を担っていることなどを受けて、ユニバーシティ・ミュージアムの設置による学術標本の多面的活用を提言、一九九五（平成七）年に中間報告、翌年には最終報告を提出した。この時の部会長が東京大学副学長（当時）鈴木昭憲であり、総合研究資料館館長（当時）青柳正規も大学博物館ワーキンググループの専門委員として関わっていた。総合研究博物館の発足はこうした検討状況にいち早く呼応したものであり、一九九七（平成九）年には京都大学でも総合博物館が設置されている。

発足した総合研究博物館では、学術標本を分類・保存することに加え、それらを学際的に活用し、研究成果の公開手法を開発することが重視された。とりわけ、計算機科学者である坂村健らによる博物館におけるデジタル技術活用の研究、また美術史学者である西野嘉章らによる博物館工学の研究は、その後の館における公開・展示のスタイルを大きく方向づけている。

二〇〇二（平成一四）年、ディスプレイ製作会社である丹青社の寄付により、研究部にミュージアム・テクノロジー寄付研究部門が発足した。この時、丹青社の社員である空間デザイナー洪《こう》恒夫が客員教授と

東京大学総合研究博物館
開館年：1966（昭和41）年、所在地：東京都文京区

なり、学術成果を視覚的・造形的に表現する展示の開発が博物館の活動を通して実践されていった。また、二〇〇六（平成一八）年には興和不動産（現新日鉄興和不動産）からの寄付により、学術標本を展示ユニット化して、オフィスビル内などの都市空間に展開するモバイルミュージアムの事業がスタートした。さらに、二〇〇九（平成二一）年には、日本郵政グループの寄付によりインターメディアテク寄付研究部門が発足し、東京丸の内ＪＰタワー内に「インターメディアテク」が開設された。現在の総合研究博物館は、こうした産学協働によるアウトリーチ型の活動によって広く知られるところとなった。

また、旧東京医学校本館を改修して二〇〇一（平成一三）年に開館した小石川分館では、ファッションデザイナーやアーティストとの共同プロジェクトなど、学術標本の魅力をモードやアートの観点から捉える取り組みが重ねられた後、現在は建築ミュージアムとしてリニューアル、建築模型などが展示されている。

総合研究博物館は、本来の使命である高度な学術研究活動を実践する一方で、大学の教育研究活動から生み出されるあらゆるものを資源と捉えて、それをデザインやアートの視点から再編して展示として構成、広く社会に学術標本の魅力を伝えることにも努力を傾けている。近年の博物館や美術館については、企画展の集客に依存した運営体質が批判されるとともに、コレクションに基づいた常設展の充実を求める声が高まっている。一方で資料・作品の新規購入や管理に関わる予算を十分に確保することは、どの施設においても困難な状況が続いている。総合研究博物館の取り組みは、展示という行為を通して所蔵資料の新たな価値を創造する必要性、そして館の活動に伴う副産物や廃棄物をも館の資源として再発見する可能性を示した点で、他館にとっても今後の方向性への示唆を与えていると言えるだろう。

参考文献

学術審議会学術情報資料分科会学術資料部会「ユニバーシティ・ミュージアムの設置について（報告） 学術標本の収集、保存・活用体制の在り方について」文部省、一九九六年
養老孟司監修『東京大学総合研究博物館——これが〝知〟の最前線「東大秘蔵コレクション」（別冊家庭画報）』世界文化社、一九九九年
『東京大学総合研究博物館ニュース ウロボロス 開館一〇周年記念号』東京大学総合研究博物館、二〇〇六年
洪恒夫「博物館工学の未来を予見する『実験展示』」『東京大学広報誌 淡青』No.23、二〇一〇年
西野嘉章『モバイルミュージアム 行動する博物館』平凡社新書、二〇一二年
西野嘉章編『インターメディアテク 東京大学学術標本コレクション』平凡社、二〇一三年

世界のミュージアム

杉浦幸子

第3章の冒頭で述べたように、世界中には膨大な数のミュージアムが存在している。その数、五万五〇〇〇館以上。その一つ一つが、それぞれの館のポリシーに従って、さまざまな種類のモノを集め、保存・修復、調査・研究し、そのモノの価値や魅力を人に伝える活動を続けている。その中から何館かのミュージアムを皆さんにご紹介するということで、ミュージアムの中でも皆さんの関心が高いと思われる「美術館」から、国立美術館連合テート（イギリス・ロンドンほか）、サムスン美術館リウム（韓国・ソウル）、ディア・ビーコン（アメリカ・ニューヨーク）、イスラム美術館（カタール・ドーハ）を紹介したい。

これらを選ぶにあたり、設定した基準は、

①世界の異なる地域から選ぶ
②自分自身が訪れ、五感を通した直接的体験をした館を選ぶ
③館が伝えたいと思っていることを強く感じた館を選ぶ

の三点である。

どの館も、異なる歴史、異なるコレクション、異なる特徴をもっているが、いずれも、皆さんがこれまで出会った、またこれから出会う、世界中のさまざまな美術館、ミュージアムを考える上で、よきベンチマークになることと思う。

1 テート

ミュージアム発祥の地、イギリスには多種多様なミュージアムが存在するが、今回は、その中から、イギリスを代表する美術館ネットワークである「テート（Tate）」を紹介したい。

ロンドンの中心を流れるテムズ川畔、ミルバンク地区に建つ「テート・ブリテン（Tate Britain）」。そこからテムズ川を西に下った金融街として有名なシティの向かい側に建つ「テート・モダン（Tate Modern）」。ロンドンから離れ、イギリス北西部の港湾都市リヴァプールに建つ「テート・リヴァプール（Tate Liverpool）」。そしてイギリス南西の海に面した美しいリゾート地セント・アイヴスに建つ「テート・セント・アイヴス（Tate St Ives）」。この四つの館からなる世界最大の美術館ネットワーク「テート」の歴史は、ヘンリー・テート卿という一人のイギリス人のコレクションから生まれた「テート・ギャラリー」

という美術館からはじまっている。

ヘンリー・テート卿は、一八一九（文政二）年、イギリス北西部のランカシャーに、プロテスタント教会の牧師の次男として生まれた。父ウィリアムスはプライベート・スクールを創設し、恵まれない子供たちに学びの場を提供し、テート卿もこの父のもとで一三歳まで学んだ。そして、リヴァプールで既に商売を行っていた兄の下で見習いとして働きはじめ、その後、弱冠二〇歳で自分の店をもち、そこから商売を拡大していく。そして、一七世紀以降、贅沢品から庶民の嗜好品へと広く流通するようになった紅茶とともに需要が拡大した、砂糖の精製と角砂糖の製造業に乗り出し、巨万の富を築くこととなった。そして一八八九（明治二二）年に、収集した同時代のイギリス美術六五作品を、イギリス政府に寄贈した。

作品を寄贈されたものの、当時イギリス政府が管理していたナショナル・ギャラリーには、それらを収蔵・展示するスペースはなかった。そのため、テート卿は、作品を寄贈する際に、当時の金額で一〇万ポンドを美術館の建設費用として合わせて寄付し、コレクションを展示するための新しい美術館を建設することになった。場所はロンドン・ミルバンク刑務所跡地、建築家は後期ヴィクトリア時代に活躍したシドニー・スミス。美術館のファサードの上のペディメントには、ライオンとユニコーンを伴ったイギリスを象徴する女神ブリタニアの彫像が置かれ、イギリス美術のための美術館というメッセージを強く伝えている。この建物が、現在、イギリス美術を主に展示するテート・ブリテンとなっている。

この館は一八九七（明治三〇）年に、国立イギリス美術館（National Gallery of British Art）という名称で一般公開されたが、ヘンリー・テート卿の名前にちなみ、開館時からテート・ギャラリー（Tate Gallery）

テート・ブリテン　開館年：1897（明治30）年、所在地：イギリス・ロンドン

と呼ばれ、一九三二（昭和七）年にその愛称が正式名称となった。

当初は八つの展示室に一七九〇（寛政二）年以降のイギリス美術二四五点を展示する小規模な美術館であったが、その後、コレクションの増加に伴い、数度にわたって拡張工事を行った。一九三七（昭和一二）年には長さ三〇〇フィートの、イギリス初の彫刻展示用ギャラリー、そして一九八七（昭和六二）年には隣接した軍事病院敷地にクロア・ギャラリー（Clore Gallery）をオープンし、現在そこには、イギリスを代表する画家ジョゼフ・マロード・ウィリアム・ターナーの作品が展示されている。

そして一九九二（平成四）年、テート・ギャラリーは、さらに拡大する国際的な近現代美術コレクションを展示する新しいギャラリーをロンドンにつくることを発表した。建設地として選ばれたのは、一九四七（昭和二二）年にジャイルズ・ギルバート・スコット卿の設計により建てられたバンクサイド発電所。高さ三五メートル、長さ一五二メートルの広大な発電ホールとボイラーハウスをもち、中央に一本の巨大な煙突が建つこの発電所は、一九八一（昭和五六）年以降使われなくなっていた。この巨大な発電所を美術館に転換する建築家には、この建物の特徴をできるだけ活かす提案をしたスイス人建築家ユニット、ヘルツォーク&ド・ムーロンが選ばれた。総工費は一二〇〇万ポンド、中央を貫くタービンホールはドラマチックなエントランスと展示エリアに、ボイラーハウスは展示室になった。

　近代産業遺産を復活・再生させたこの美術館はテート・モダンと名づけられ、二〇〇〇（平成一二）年に開館すると、瞬く間にイギリストップの観光地となり、ロンドンに年間一億ポンド（約一七八億円）の利益をもた

テート・モダン　開館年：2000（平成 12）年、所在地：イギリス・ロンドン
右：ミレニアム・ブリッジから見た外観
左：タービンホール。エントランスと展示室を兼ねた高さ 35m の大空間

らしている。当初年間二〇〇万人と見積もっていた来館者が五〇〇万人にまで達したことから、二〇〇九（平成二一）年より再びヘルツォーク&ド・ムーロンとともに、オイルタンクだった空間を土台に、展示空間とカフェなどの来館者のための施設を拡充する計画（The Tate Modern Project）を進めている。

ヘンリー・テート卿の実業家としての出発点となった場所であり、かつて三角貿易で隆盛を誇った港湾都市リヴァプールのアルバート・ドックの倉庫を改装して、一九八八（昭和六三）年に開館したのがテート・リヴァプールである。この美術館は、サッチャー政権と同時期にテート・ギャラリーの館長だったアラン・バウネスの「北のテート」をつくろうという決意から生まれた。その後、数回の改装を経て、展示スペースと、来館者のための学びやサービススペースの拡充を行った。

二〇〇八（平成二〇）年にリヴァプールが欧州文化首都となったことを記念して、二〇〇七（平成一九）年にはじめてロンドン外で、イギリスで顕著な活動をしている五〇歳以下の美術家をノミネートして行われる「ターナー賞展」を実施し、年間六〇万人の来館者を迎えた。現在では、ロンドン外で最も規模の大きい美術館として、近現代アートを地方から紹介するとともに、これまでアートに親しみのなかった若い世代に活発にアートをつなぐ活動を行っている。

ネットワークの四館目となるテート・セント・アイヴスは、イギリス南西部の海のそばの小さな町、セント・アイヴスに建つ。ここには、ヴィクトリア朝時代から、多くのアーティストが、その独特な光を求めて絵を描きに訪れ、その後も、ベン・ニコルソン、バーバラ・ヘップワース、ナウム・ガボといったアーティストが制作を行った。

一九八〇（昭和五五）年にテート・ギャラリーは、セント・アイヴスにあったバーバラ・ヘップワース美術館・彫刻庭園の運営を引き受けた。それをきっかけに、かつてガス工場だった場所に、この地に縁のあるアーティストの作品を展示する美術館をつくることになり、一九九三（平成五）年に開館した。地理的にかなり不便であるにもかかわらず、年間二四万人の来館者を迎える。

現在、テート所蔵のコレクションは、一五〇〇年代のチューダー朝から現在までのイギリス美術と、国際的な近現代アート作品、合わせて約七万点にまで拡大している。テートは、これらの所蔵作品を保存、研究、展示するだけでなく、幅広い年齢層、多様なバックグラウンドをもつ人々の学びのリソースとして活用し、さまざまな活動を展開している。

特に強烈な印象として記憶に残っているのが、二〇一二（平成二四）年にテート・ブリテンを久しぶりに訪問した時の光景である。正面入り口から館内に入ってすぐのエントランスの床に、小学生数人と先生が寝転がり、作品ではなく天井の半透明のドーム型の天窓を見て、感じたことを話している。その横を何ごともないかのごとく、一般の来館者が歩き過ぎていく。

展示室内に入ると、びっしりと壁に展示された絵画の前に、たくさんの小学生が陣取り、床に座って、作品を見ながら何かを書いたり、友だちや先生と話したり、自由に歩き回ったりしながら、思い思いに学びの時間を過ごしている。美術館が、単に展示してある美術作品を見るためだけの場所ではなく、作品や場所、そこにいる人たちが発するさまざまな刺激を受けて、感じ、考え、学び、交流する場所である、ということを強く感じさせる光景だった。

また、テート・モダンでは、「Learn（学ぶ）」という仕組みをデザインし、学校による訪問への対応や教員へのサポート、家族のためのプログラム、五歳から一二歳の子供を対象としたプログラム、成人を対象としたレクチャーやワークショップ、障がいをもった来館者へのサポート、地域住民との連携、またオンラインでの学習プログラムやリソースの提供など、対象者を可能な限り幅広く設定し、一人一人が自分に合った形で学びを行うサポートを、地道に、確実に行っている。こうしたアートの裾野を広げる活動は、この二館に留まらず、美術館連合体全体で、それぞれのコレクション、場、人の特徴を活かして展開されている。

テート・ブリテンのエントランスに寝転がり、天窓を見て感じたことを語り合う先生と小学生たち。その他にも、展示室など館のいたるところで、教育活動が行われている様子が見られる

テートに世界中から多くの人々が集ってくるのは、ヘンリー・テート卿が寄贈したイギリス美術のコレクションを核とした貴重なコレクションをただ展示するのではなく、現代イギリスのみならず、世界が求める社会教育機関としての役割を果たすたゆまぬ努力の表れであると、訪れるたびに強く感じる。

参考文献

Ingman, Bruce "*Henry Tate*" Tate Publishing, 2014.
Jones, Tom "*HENRY TATE 1819-1899*" Tate & Lyle, 1960.

参考サイト（二〇一五年一月現在）

テート・ヒストリー（Tate History）：http://www.tate.org.uk/about/who-we-are/history-of-tate

2　サムスン美術館リウム

韓国の首都ソウルの龍山区《ヨンサン》にある梨泰院《イテウォン》。かつて日本軍基地があったこのエリアは、朝鮮戦争後、アメリカ軍の駐屯地となり、一九八八（昭和六三）年のソウルオリンピックなどを経て、アメリカのみならず、アジア、中東、ヨーロッパといった多国籍の外国人が住み、観光するエリアとして発展してきた。

私がはじめて梨泰院を訪れたのは、ソウルオリンピック開催一年前の一九八七（昭和六二）年、ちょうど盧泰愚《ノテウ》大統領による民主化宣言が行われた直後で、一種独特の緊張感を感じた。その一〇年後、一九九七（平成九）年に、梨泰院はソウルではじめての観光特区に指定され、今では各国の大使館が集まり、韓国の文化と海外の文化が交差し混じり合う、ハイエンドで独特の雰囲気を醸し出すエリアとなっている。

　その梨泰院の一つ隣、漢江鎮《ハンガンジン》駅から住宅街の中に歩を進めると、道路の傾斜に合わせて建つ巨大な建物群と、フランス人彫刻家ルイーズ・ブルジョアが制作した彫刻《ママン》が見えてくる。緩やかな下り坂のスロープを降り、建物の中に入ると、白と黒の円柱で構成された印象的な空間が、全く異なる個性をもった三つの建物をつないでいる。これが、韓国最大の財閥サムスングループ傘下のサムスン文化財団が運営する「サムスン美術館リウム（Leeum）」のエントランスホールである。

　サムスン電子、サムスン電機など四〇を超える企業の合同体であるサムスングループの創立者、故・李秉喆《イビョンチョル》会長は、韓国の文化財や美術品を長

サムスン美術館リウム　開館年：2004（平成16）年、所在地：韓国・ソウル
右：美術館のエントランスへ誘うスロープ、左：サムスン児童教育文化センター

年収集し続けた。そして、後継者である李健熙《イゴンヒ》会長がその遺志を継ぎ、韓国の近・現代美術作品に加え、世界的な現代美術家の作品を精力的に収集した。それら総数約一万五〇〇〇点の所蔵品を展示し、来館者に学びの機会を提供するために、一九九五（平成七）年にこの美術館の建築計画がはじまった。その後、一九九七年の経済危機を乗り越え、一〇年かけて二〇〇四（平成一六）年にオープンしたのが、「リウム」である。創業者の名字である李「Lee」と、ミュージアムの語尾である「-um」を組み合わせ、こう名づけられた。

韓国古来の伝統的な美術作品と世界の近・現代美術作品という二つの収集方針は、美術館の建築にも反映されている。敷地面積が約二四〇〇坪、延床面積が八四〇〇坪という広大な敷地に建てられた、ミュージアム1とミュージアム2という二つの美術館棟とサムスン児童教育文化センター。これら三つの建物は、世界を代表する建築家三人が、それぞれの建築哲学と韓国の芸術文化からの影響を融合させ生み出した、独特の空間となっている。

地上四階、地下三階のミュージアム1は、東京・青山にあるワタリウム美術館の設計者としても知られる、スイスの建築家マリオ・ボッタが設計した。韓国の陶磁器にインスピレーションを受け、設計されたと言われる建物は、赤みが美しいテラコッタレンガでつくられ、中央部はらせん状の美しいラインを描く吹き抜け空間となっている。ここには、陶磁器、古書画、仏教美術、金属工芸品といった、国宝三六点、宝物九六点を含む、先史から朝鮮時代に至る韓国の古美術が展示されている。来館者は、エレベーターでまず四階まで上がり、らせん空間を下りながら各階の展示室を見ていく流れとなる。

ミュージアム2は、地上二階、地下三階の建物で、ロビー右手のエレベーターで二階に上がり、そこから下に降りる動線をとる。ここには一九一〇（明治四三）年以降の韓国の現代美術と一九五〇年代以降の世界の近・現代美術作品七〇点が展示され、年に二回の展示替えが行われる。この建物は、東京・汐留の電通本社ビルを設計したフランス人建築家ジャン・ヌーヴェルが設計し、ポストテンションという、柱を使わない構造工法を用いることで、表現メディアやサイズがさまざまな現代美術作品を自由に展示することが可能な、開かれた空間を生み出した。

オランダの建築家レム・コールハースが設計したサムスン児童教育文化センターは、地上二階、地下三階の建物。次世代の創意力育成を目指した教育施設で、展示機能も兼ね備えている。私が訪問した時には閉まっていて、残念ながら中の空間を体験できなかったが、外からも見ることができる巨大な黒い構造体は「ブラックボックス」と呼ばれる空間で、平面、立体、インスタレーションなど、さまざまなメディアの作品が展示できる。コールハースは、韓国ではこの他にソウル大学美術館の設計などを行い、日本でも磯崎新がコーディネートした福岡のネクサスワールド（集合住宅群）で彼の建築を見ることができる。

リウムでは、サムスンの技術力を活用した鑑賞サポート機器を提供している。開館時には、PDA（携帯情報端末）を使ったデジタルガイドを世界に先駆けて提供した。専用表示にセンサーをかざすと、日本語解説を音声で聞いたり作家情報を文字で読むことができた。二〇一三（平成二五）年に導入された新しいデジタルガイドは、サムスン電子とのコラボレーションにより、同社製スマートフォンを端末として開発された。それまでのデジタルガイドは常設展示だけに対応していたが、このガイドは企画展示やロビーといったパブリックスペースに置いてある作品もカバーしている。また、時間に限りがある来館者のために、常設展示の見どころをピックアップした「ハイライトツアー機能」を追加した。さらに、韓国古美術作品の幾つかを、六〇〇枚以上の写真を立体的に組み合わせ三六〇度で見せる機能により、触れることのできない作品の裏面を見たり、肉眼では見えづらい部分を拡大することができるようになった。

館内には「リウム・ショップ」や「リウム・カフェ」といった、美術館体験をより豊かにするアメニティ空間も併設され、鑑賞体験を一人ゆっくりふり返ったり、他の人と語り合ったり、気になる情報を検索し、学びを深めることができる。また、より深くリウムに関わり学びたい人たちのために、インターンの受け入れやボランティア活動といった教育普及活動も積極的に展開している。

自国と世界の美術作品をハイブリッドな空間に展示し、自らの強みを生かしてさまざまな人とモノをつなぎ、空間と時間、歴史と文化を豊かに交差させるリウム。私たちに最も近い海外のミュージアムの一つとして、ぜひ訪れて欲しい。

参考サイト（二〇一五年一月現在）

サムスン美術館リウム公式サイト：http://leeum.samsungfoundation.org/html_jpn/global/main.asp

3　ディア・ビーコン

世界中から集まった人とモノが出会い、ぶつかりあう街、ニューヨーク。そして、その街に集積した芸術文化のダイナミズムを体感する場であるミュージアム。ニューヨークのミュージアムは、当然ながら多種多様で、街中にはメトロポリタン美術館、ニューヨーク近代美術館、グッゲンハイム美術館、ホイットニー美術館、ニューミュージアム……と世界的に重要なミュージアムがひしめいている。しかし、今回ここでは、ニューヨーク近郊の街ビーコンにある「ディア・ビーコン（Dia:Beacon）」をご紹介したい。

マンハッタンのセントラル・ステーションからハドソン川に沿って一時間ほど北上したところにある、人口一万五〇〇〇人ほどの街ビーコン。ここは、ニューヨーク州の中でも古くから人が集まった地域で、一九世紀以降は工場の街として知られてきたが、一九六〇年代から経済が低迷し、多くの工場が閉鎖された。その一つ、ビーコンのシンボルと言われていた食品会社ナビスコのパッケージ工場を、ディア芸術財団がリノベーションし、二〇〇三（平成一五）年に開館したのが、この美術館である。ディア・ビーコンの開館を機にこの街を訪れる人が増え、アートを起爆剤に街は活気を取り戻した。年間の来館者は約七万五〇〇〇人、街にもたらす利益は年間約一億三五〇〇万円にのぼる。

二〇世紀初頭の工場の見本のような、レンガと鉄、コンクリート、ガラスでできた巨大な建物は、約

ディア・ビーコン　開館年：2003（平成15）年、所在地：アメリカ・ビーコン
右：外観、左：マイケル・ハイザーの展示室

二万八〇〇〇平方メートル。リノベーション後、アメリカ合衆国国家歴史登録財として認定された近代産業遺産でもある。ディア・ビーコンの展示空間は、アーティストのロバート・アーウィンと何人かの建築家たちが協働してつくり上げ、広い天窓の下に、広大なスペースが広がるこのオリジナルの建物の特徴や魅力を活かしたことによって、通常の美術館ではほぼ不可能な、巨大なスケールの作品をやわらかな自然光の中で展示することが可能になった。私は、ここを訪れるたびに、自分の存在ごと、作品空間の中に投げ込むような、他の美術館では味わえない体験を楽しんでいる。

この美術館に展示されているのは、ディア芸術財団のコレクションである一九六〇年代以降の現代美術作品だ。どのような動線で展示室を巡るかは、見る者それぞれに任されている。たとえば、入口を入って左手に進むと、奥にずっとのびる細長い空間には、ミニマル・アートを代表する作家ダン・フレイヴィンの光る蛍光灯で構成された《Monuments to V.Tatlin》だけが展示されている。さらに奥に進むと、巨大な空間の床に、底まで見ることができないほどの大きさの円錐形や角柱形の四つの穴があいた空間が広がっている。空間自体が作品と化しているこの作品は、ランド・アートの主要な作家の一人とされるマイケル・ハイザーの《North, East, South, West》である。このようにディア・ビーコンでは、一つの展示室に一人のアーティストの作品を展示するという、ディア芸術財団の原則が守られている。

この美術館を運営するディア芸術財団は、既存の伝統的なミュージアムには困難な、長期間にわたるアーティストへのサポートを実現したいと考えた三人のアートコレクターによって、一九七四（昭和四九）年に設立された。財団の名前は、ギリシャ語で「〜し通す、完全な、完全に」を意味する接頭辞「dia」から名づけられた。

ディア芸術財団は、コレクションの展示や、アーティストのプロジェクト支援だけでなく、アートの受け手となる人々に対してのサポートの提供もミッションとしている。ギャラリートークやパブリックツアーといった、鑑賞サポートプログラムはもちろんのこと、地域や学校と連携したエデュケーションプログラムも活発に行っている。ディア・ビーコンの公式サイトによると、ビーコン市とは二〇〇一（平成一三）年から教育的連携を開始し、市民を対象とした毎週末の無料入館を実施。二〇〇二（平成一四）年には、地域の美術愛好団体や商工会、商店、飲食店などと連携し、そこからビーコン・アーツという非営利団体が生まれたそうである。

現在作品が展示されている二三人のアーティストの内、一一名は健在だが、一二名は鬼籍に入られている。作品と空間が密接に結びついているディア・ビーコンが、これからも現代の美術館であり続けるためには、このようなアートの受け手の育成、連携が重要な要素であり、これからのアーティストのサポートにもつながる。一見、時間のかかる、しかし確実なアート支援を行うディア芸術財団の活動を注視しつつ、ニューヨークを訪れる時には必ずディア・ビーコンに足を運び、自分自身を確認したいと思う。

参考サイト（二〇一五年一月現在）

ディア・ビーコン公式サイト：http://www.diaart.org/sites/main/beacon

ディア芸術財団公式サイト：http://www.diaart.org/

ビーコン・アーツ公式サイト：https://beaconarts.org/

4　イスラム美術館

二〇一二（平成二四）年六月、カタールの首都ドーハで行われた「村上隆展」と、同時期にロンドンのテート・モダンで行われた「ダミアン・ハースト展」を見るために、東京からドーハへ飛んだ。灼熱のドーハの海岸に建つ「村上隆展」会場（QM Gallery Al Riwaq）にたどり着いた時、その隣に、青空をくっきりと切り取る幾何学的な形態が組み合わされた白亜の美しい建物が建っていた。それが、二〇〇八（平成二〇）年に開館した「イスラム美術館」だった。

暑さのためやわらかいゼリーのようになった空気の中を進み、六〇メートルほどの橋を渡った先にあるエントランスから一歩館内に足を踏み入れると、そこには外界とは全く異なる、音のない硬質な空間が広がっていた。

一階中央の高く吹き抜けたロビーの先に目をやると、眼前に巨大なガラス窓壁が広がり、その向こうにはカタール湾の美しい海景が輝いている。この広々とした空間を囲むようにショップやカフェ、祈祷所が、また右手奥には図書室と教育センターが置かれている。そして二階、三階が常設展示室、四階が企画展示室となっている。

常設展示室には、カタールの首長一族が一九八〇年代後半から集めてきた、世界最高水準のイスラム美術コレクションが、セクションごとに展示されている。七世紀から一九世紀にかけて、スペイン、エジプト、イラン、イラク、トルコ、インド、中央アジアなどで生み出された、写本、染織、金工、陶磁、木工、ガラス、宝飾品、絵画などからなるコレクションは、イスラム世界の多様性と高い技術力を示す。

総面積四万五〇〇〇平方メートルのこの巨大な美術館を設計したのは、ルーヴル美術館のルーヴル・ピラミッドや、滋賀県信楽のミホ・ミュージアム（MIHO MUSEUM）を設計した中国系アメリカ人建築家イオ・ミン・ペイである。この館の設計に着手した際、彼は既に九一歳という高齢だったが、六か月間イスラム世界を旅し、イスラム建築とその歴史について学び、彼自身の建築作品とイスラム文化両方に共通する幾何学的なフォルムが特徴的なデザインを生み出した。

展示デザイン、サイン計画、館内の家具のデザインは、彼とともにルーヴル美術館プロジェクトを行った、パリに本社をもつウィルモット&アソシエイツが担当した。ミュージアムづくりのプロフェッショナルを集め、今後の収蔵品増や展示プランの変更に対応できるような、フレキシブルな最新鋭の展示空間を生み出した。展示室は自然光が入らない「ブラック・ボックス」で、その中に展示物があたかも浮かんでいるかのように見える展示手法をとっている。

イスラム文化とその歴史を伝えるこれらのコレクション展示をベースに、ギャラリートークやレクチャー、ワークショップといった、多様な学びの機会が提供されている。開館当初から、教育プログラムを行う場所として教育センターと専用エントランスを設計に組み込んでいることからも、教育活動に対するこの館の熱意を感じる。

対象者は、大きく分けて一般と学校で、一般は三歳以上のさまざまなバックグラウンドをもつ多国籍な人々、学校は小学校から大学までの生徒と教員となっている。学校に対しては、美術館スタッフが予約制のギャラリートークを行ったり、ショップでは教員向けの指導案作成ガイドも販売されている。一般に向けたギャラリートークは、毎週日中二回、月一回は夜間に、アラビア語と英語で行われている。ワークショップは、一般と学校、三歳から大人までを対象に、「つくること」を主とした内容で行われている。ホームページを見ると、三歳から八歳の低年齢の子供たち向けプログラムの需要が特に高い。

この美術館を運営しているのは、カタールのすべてのミュージアム資源を統括するカタール博物館局である。この機関は、歴史的な場所やモニュメント、美術作品などの収集、保存・修復、説明を効果的に行う仕組みづくりを目指し、二〇〇五（平成一七）年に、当時の首長ハマド・ビン・ハリーファ・アール＝サーニーによって設立された。現在は、彼の娘で現首長の妹シェイカ・アル＝マヤッサが議長を務めている。先に挙げた村上隆とダミアン・ハーストの二つの展覧会も、カタール博物館局がスポンサーとなって行われた。

イスラム美術館
開館年：2008（平成 20）年、所在地：カタール・ドーハ
上：外観、下：高く吹き抜けた 1 階ロビー

ドーハを訪れた翌日、隣国であるアラブ首長国連邦の首都アブダビのサディヤット島に行き、ルーヴル美術館、グッゲンハイム美術館といった世界を代表するミュージアムの名前の使用権を獲得し、その分館を建てるという、「ユニバーサルミュージアム構想」のマスタープランを見た。二〇一五年一二月にはルーヴル・アブダビ、二〇一七年にはグッゲンハイム・アブダビが開館を予定している。ここで見た世界の著名な建築家たちが設計した、ミュージアム先進国である欧米の代表的ミュージアムの分館の模型と、ドーハで体験したイスラム文化の神髄をさまざまな手段を使って広く伝えようとするイスラム美術館が、非常に対照的なものとして感じられた。

自国の地理や歴史、それらに育まれた哲学、文化、価値観を如実に反映するモノを集め、伝えたいメッセージの下にそれらを再編集して人につなぐ装置となり得るミュージアム。その装置を、国際社会の中で自国のアイデンティティを確立し、広く伝えていくための手段として明確に位置づけ、活用しようというカタールの国家戦略。それがこのイスラム美術館のコレクション、空間、モノと人とをつなぐ活動すべてに強く反映されていることをあらためて感じた。

ミュージアムが誕生してから一〇〇年以上が経つ日本には、ミュージアムを新しい視点で捉え直し、より戦略的にマネージメントする時代がきている。二一世紀に入ってミュージアム元年を迎えた中東諸国の思想と実践から、今、私たちが学ぶことは多い。

参考サイト（二〇一五年一月現在）

国立イスラム美術館公式サイト：http://www.mia.org.qa/en/

カタール博物館局公式サイト：http://www.qm.org.qa/en

ウィルモット&アソシエイツ（Wilmotte & Associates）：http://www.wilmotte.com/en/project/59/Museum-of-Islamic-Art

あとがきにかえて

この本は、武蔵野美術大学通信教育課程で、美術館・博物館の学芸員資格を取るために勉強している学生のための科目「ミュゼオロジーI」の教科書として、執筆・出版されるものだ。一般大学の学芸員課程なら、文部科学省の定めている規定によって「博物館概論」にあたる、最も基礎的な学習である。そこに必要な知識と情報は、この本に十二分に網羅されている。だから、履修する学生には、春か夏のスクーリングに臨む前に、徹底して読み込み、読み終えて欲しいと思っている。

僕が武蔵野美術大学に来たのは、ひとえに、キュレーターの育成のためである。学芸員資格を取ろうと思って学ぶ学生は、むろん、美術館や博物館で専門的なプロフェッショナルの学芸員として将来働こうと思っているのだと信じているし、是非、どんな難関であっても、それを目指して日々研鑽を積んでいっていただきたい、と心から願っている。「どうしても、何が何でも美術館が好きで、そこを生涯の職場にしたい」と心から望むことが、すべてのはじまりであろう、と思うからだ。どんな願いも、心底願えば、宇宙の心は必ず聞き届けてくれる。それに、今は団塊の世代がどんどん引退しているので、美術館業界も、世代交代の大チャンスなのだ。

小学生の頃から、倉敷の大原美術館が僕の遊び場だった。どこの壁に何の絵が掛かっているか、その頃から、目を瞑れば思い出すことができた。あそこは、自分の家だと思っていた。それくらい、ミュージアム・フリークで、爾来ずっと、今の今までミュージアムの仕事ばかりしてきて、それを大学で教え、とうとう県立美術館の館長をやるようになってしまった。

ただ、僕には、好きなことを好きなように、日々怠らず、やってきただけにも思える。朝から晩まで、美術、アート、ミュージアム、鑑賞とは創造、美的体験とは云々かんぬん、教え、話し、家に帰って「ああ疲れた、テレビ見よう」ということは、決してない。「ああ、やっと、シューマン聴ける」と、CDプレイヤーのスイッチを入れる日々だ。芸術三昧と言うと格好良さそうだが、それ以外に興味がないのだから仕方がない。

絵を描くのも、焼き物も、人形も、何でも「手を動かす」のが、子供の頃からの習慣だ。だから、僕は学芸員というのは、実は知識のお勉強だけでは絶対に務まらない、手仕事の「職人」なのだということを、学芸員生活三〇年にして、徹底して教育されたし、そう生きてきた、と思う。

「美術館は、途方もない大きな広がりと可能性をもった、人間がつくり出した、偉大なる文化装置」だと、心底思う。そして今日、地域や社会の活性化の源として、その大きな役割が求められている、二一世紀の文化施設でもある。現代の情報化社会がミュージアムや、芸術体験をドラスティックに変化させているのは当然だが、ミュージアムこそ、「身体と、心で体験する、肉体の道場」である、という確信も何ら変わらない。

よく言われることだが、「美・術・館」は、「美＝美術作品」、「術＝それをどう展示して見せるか、活用するか、人とどうコミュニケーションするか、その方法」、「館＝建物や、いろいろな環境のデザイン等」が三位一体となった、一つの大きな、有機的生命体である。だから、ミュージアムという一個の動物の、空気、気配、時間や日々、季節による、千変万化するダイナミズムを、一人一人の肉体で感じることが、いちばん大事なことなのだ。

この本は、実はもっと欲張りな本であって、学芸員資格や「ミュゼオロジー」という学びをもっと大きな芸術学や文化史の中にどう位置づけられるか、という出版の意欲意志と、美術大学ならではのミュゼオロジーを試みたい、という意識に支えられて構想された。だから、実際に学芸員を目指そうとされる人々以外が読んでも十分に読みものとして面白く、考えさせられ、書籍として成立するものを目指したつもりである。

だから、僕はミュージアムと芸術全体、あるいは二一世紀の文化と社会のあり方を、考え、結びつけるキーパーソンとして毛色の全く異なった三人、民藝運動の主導者柳宗悦、二〇世紀のモダン彫刻に挑んだイサム・ノグチ、新しい芸術体験の予言者としてのヴァルター・ベンヤミン、この三人にご登場願って、その異なる三つの視点から見たミュージアムを語った。

通信教育課程芸術文化学科の、金子伸二先生は編集がご専門だが、最必須項目である「ミュージアムの定義と法令」を、またミュージアム教育の専門家、杉浦幸子先生には、これも博物館概論には必須の「ミュージアムの歴史」を書いていただいた。国内外のミュージアムの紹介の項とともに、お二人のその詳細綿密、ダイナミックなご努力に感謝している。また、丁寧に、美大的センスに富んだ纏めをしてくださった、編集の奥山直人さんの彫心鏤骨のお仕事に、大いなる尊敬と感謝を捧げる。

二〇一四年一二月　　待降節に入った東京、大分にて

新見　隆

著者紹介

新見 隆（にいみ・りゅう）

一九五八年、広島県生まれ。慶應義塾大学文学部仏文科卒業。専門は美術史、デザイン史、美術館学。セゾン美術館学芸員を経て、現在、武蔵野美術大学造形学部芸術文化学科教授。大分県立美術館館長。イサム・ノグチ庭園美術館学芸顧問。二期リゾート文化顧問。著書に『空間のジャポニズム　建築・インテリアにおける日本趣味』（ＩＮＡＸ、一九九二年）、『モダニズムの建築・庭園をめぐる断章』（淡交社、二〇〇〇年）ほか。コラージュ、箱、人形、焼きもの、ガラス、食の絵のスケッチで、個展も行っている。

金子伸二（かねこ・しんじ）

一九六四年、千葉県生まれ。武蔵野美術短期大学生活デザイン科卒業。上智大学文学部哲学科卒業、同大学院哲学研究科哲学専攻博士前期課程修了。専門は造形をめぐる言説の分析。現在、武蔵野美術大学造形学部通信教育課程芸術文化学科教授。著書に『造形学概論』（武蔵野美術大学出版局、二〇〇四年）ほか。論文に「一九九〇年代前半の社会教育雑誌におけるワークショップ論の構成」『武蔵野美術大学研究紀要』（第四三号、二〇一二年）ほか。

杉浦幸子（すぎうら・さちこ）

一九六六年、東京都生まれ。お茶の水女子大学文教育学部哲学科美学美術史専攻卒業。ウェールズ大学大学院修士課程修了（教育学）。横浜トリエンナーレ２００１教育プログラム担当、森美術館パブリックプログラムキュレーターなどを経て、現在、武蔵野美術大学造形学部芸術文化学科教授。プログラムデザイナー。アートと社会の接続、特に美術館の生涯学習支援プログラムの企画・実施・研究を行う。共著に『ミュージアムと生涯学習』（武蔵野美術大学出版局、二〇〇八年）、『美術教育の題材開発』（同、二〇一四年）ほか。

表紙デザイン　白尾デザイン事務所

ミュゼオロジーへの招待

二〇一五年四月一日　初版第一刷発行

編者　新見隆
著者　新見隆　金子伸二　杉浦幸子

発行者　小石新八
発行所　株式会社武蔵野美術大学出版局
〒一八〇―八五六六
東京都武蔵野市吉祥寺東町三―三―七
電話　〇四二二―二三―〇八一〇（営業）
〇四二二―二二―八五八〇（編集）

印刷・製本　株式会社精興社

ISBN978-4-86463-030-6 C3070　Printed in Japan